神田橋條治　対談集

どこへ行こうか、心理療法

創元社

序

一般社団法人 日本心理臨床学会理事長　藤原勝紀

この時世と心の専門家事情のいま、人と人が身に安らぎを醸し合う関係臨床のコツの天才による対談集が、新しい三方に三方論議をのせての光臨です。序文の機縁に光栄を感じます。本書は、登壇した人、話題登場の人、聴衆、何よりも仕掛け主導力のクライエント、編集人など、無数の人と無限の関係が生み出した結晶の形です。この人間ならではのイメージの世界に身を浸し込んで、それぞれ心理臨床の創新に臨んでほしい気持ちです。

いまでは、心理臨床の営みや用語も、社会から相応に認知され定着しています。この間の発展は目覚ましく、専門性を身につけるペースも急速でした。本来この専門性は、見えにくい世界がふと見えてきたり感じるようになるといった、直に関わる体験を通して生身に確かめながら、相手と自分の言葉を聴き・語り・書き記せるように身にしみ込ませるのが本質です。だからカウンセラーやセラピストの即成は難しい。ただし心理臨床の発展の基盤は、傷を負わせない心の専門家を求める状況と実害防止の責任感です。皮肉にも現況は、用語の曖昧化や専門性の平板化へと功利的な拡散と汎用を促し、人権・倫理に触れる負の面も懸念され、さらにはＡＩやドローンやオンライン幻想が加速する心の時代です。

そこで、皆で知とイメージを集中して、体覚と呼びたい生身感覚を持続してこの対談との対話を勧めたいのです。さらりと平易な語り口の基に流れる、専門用語にすれば難解至極な非日常の本当の日常を、心理臨床力の足腰と懐を感得しながら体験してほしいのです。

さて〈私〉も、痛みや感じを直に気づく感性の鈍化は油断大敵と心得て、心理臨床の腕や学問的な質を省みています。いつも等身大の身に自分なりの手応えと足場を求めて手探り足探りといった、先行きが見えないままを生き抜く力業のコツに注力しています。新型コロナ禍がうんざり停滞して堪忍も揺らぐ昨今、レジリエンス創発の気配ありなどと意気込みながらも、生き抜く力業のコツと名人の登場を秘かに念じていました。すると、さすが神田橋先生からの序文の勧めに誘われて、深い懐からの邂逅を胎《はら》む本物たちが耕し出され、今まさに皆で出会いたい身内の巨匠と名人芸と三宝群として立ち顕れた感じです。

対話相手の三先生は対談日も生まれ年も若い順に登場し、神田橋先生の年代は対談の時から順に一〇年前に辿る仕様です。最初の増井対談「心の成りゆくままに」は公認心理師法の成立直後、村山対談「心理臨床家をどう育てるか」は成立直前です。殿《しんがり》の博多山笠追い山の清道旗《せいどうばた》旋回を彷彿とさせる成瀬対談「どこへ行こうか、心理療法」は東日本大震災の半年後です。いまコロナ禍にある武士《たけし》と正治《しょうじ》と條治《じょうじ》先生へと尻取りつなぎで、姓よりも名の地平から、心理臨床よ学問よ「どこに行こうか」と凜と語りかける重厚な対談集です。

臨床心理士会の集まりと心理臨床学会での対談です。治療や援助に携わる専門家や志望者はもとより、それぞれ生きるヒントを聴き・語り合う象徴・触媒に満ちています。対話の機微と鋭さは、目次の見出し見所の絶妙な仕掛け刺激だけで身震いを感じます。もちろん笑いやフロアとのやりとり、司会の絶妙のかけあいもあり、息詰まる緊張をほぐしながら面白がるコツの妙味に一息つく間《ま》の仕掛けもありです。各対談あとがき素描の見事な隠し味が、対談現場で知体の笛・太鼓が命の鈴に響き合う臨場感に雀躍《こおど》りもします。

対談では、成瀬×神田橋対談のように、最先端の創造の世界に分け入る際には、知と意を尽くして、あえて一緒と同意を確かめ確かめ先鋭に尋《き》き、本質に迫り北極星に聴くような、新たな言葉の創造に至る厳しい差し手争いや迫真のせめぎ合いもあります。その際でも、未来に向かうアグレッションの働きを感じさせる成瀬先生、尋ね聴く神田橋先生に感性の動因を感じます。三対談者は皆、実地の人間関係を通じて眼前に現れてくる実践事実と体験を基に据えて、いつか生業になり、我が道になってきた生き方や型への越し方と折々の見え方を、神田橋先生の不思議な生命体環境をえて化粧少なに語る対話が進みます。

対談に臨場していない私は、活字言語とイメージ（虚）と〈私〉の実感を頼りに、好きに自由に読者ならでは体験（実）へと一気に臨みます。対談は、私の老い因による不安などは一気に解消させる刺激的な人と話題に溢れます。対談ひとつ一人ずつそれぞれが醸す醍醐味と満願気分で痛快な気分です。いつか超高速で鋭利な知性の火花も影をひそめ、ゆるりじっくりの座り心地で、〈私〉なりに「どこへ行こうか」と臨む気持ちになります。

大相撲が大好きだった成瀬先生と神田橋先生の対談の場は格別で、狭すぎる土俵上で刻々に充満していく迫真の仕切り、まったなしの立ち合いの瞬時・一回の砂かぶり観戦体験だったかと羨ましい。読者冥利は、やや広めに見えるテレビ土俵で観戦するように、息詰まる対話に傾注し移入して、手に汗握る臨場体験を持続できるかどうかです。そこに私は、ときに滑稽にも映る行司さんの力む声と所作の真面目さに通底する臨場感で、思わず知・感一体で寄り添うプロ性を本気で自験する感じでした。この自然な流れの必然感に浸りながら、思わずエンカウンターへのレディネスの活性化プロセスを〈私〉は思い至りました。

もはや生の成瀬先生は、直接の電話談義の叶わない天空です。〈私〉には、対談者はすべて五〇年越えの知己です。対談の場と話題に登場する本邦由来の先生方は、図らずも河合隼雄先生以外の多くが懐かしい九州文化が接点の方々です。司会者の締めの言葉とともに愉快な気概と甦る初心に感慨は一入です。

最近、神田橋先生が好きな仙厓《せんがい》さん（禅僧で画家）も描いた宝満《ほうまん》山麓の竈門《かまど》神社が、「鬼滅の刃」で一気に有名らしい。この太宰府の宝満宮が発祥の神道《しんとう》夢《む》想流《そうりゅう》 杖術《じょうじゅつ》の流祖の夢想権《むそうごん》之助《のすけ》×宮本武蔵に神田橋先生×パデル先生を連想しながら、ローカル噺から旋回させ〈息み〉直して、体と生命体を「命、どこに行こうか」と遡って読み返し対話するのも粋で興味津々かと……。

どこへ行こうか、心理療法　目次

福岡県臨床心理士会
第二三回全体研修会
一般社団法人
福岡県臨床心理士会
設立記念

二〇一五年一〇月一一日
於：エルガーラホール

増井武士×神田橋條治

心の成りゆくままに

司会　お待たせいたしました。それでは、神田橋先生と増井先生による対談に入らせていただきたいと思います。

タイトルは「心の成りゆくままに」となっております。お二人の先生方につきましては、改めてご紹介の必要もございませんので、いわゆる「ご紹介」というのはもう省かせていただきたいと思います。先生方は、人との出会いを通して、人が奥底に持っているものを刺激して、大きな治癒に向かうための何かを共に育んでいかれる、そういったことを特に大切にしておられる先生方のように思っております。

本日のこの対談でも、お二人の先生方の今日、ここでの出会いの中からどのようなものが生まれてくるのか、大変興味深いところでございますが、また、私たちも、先生方のお話を伺いながら、私たちの中にどういったものが生まれてくるのか、しっかり味わってこの時間を過ごさせていただきたいと思っております。

それでは、先生方、どうぞよろしくお願いいたします。

「今、ここ」を生きる

神田橋　何も打ち合わせをしていないもんな（笑）。どうする?

増井　うん。お互いに会ってみて、その場で浮かぶことから始めようと思って……。それこそ「成りゆくままに」。

神田橋　「成りゆくままに」ね。

増井　僕は、打ち合わせは嫌だし、先生はもともと事前の打ち合わせが嫌いだし。前もって打ち合わせをしたら、この場の「今、ここ」が演じられたものになってしまって、その場で生まれた「生なもの」ではなく二番煎じの死に言葉になるでしょうね。ちなみに面接にレジュメなんかありませんからね。

神田橋　ボクも打ち合わせは嫌いです。

増井　僕は昔、先生に教育分析的なスーパーヴァイズを受けに行っていたときに、レジュメを持っていってですね。

神田橋　ああ、そうだったなぁ。

増井　はい。その当時、先生はまだ癇癪が激しかったから……（笑）。

神田橋　うんうん。

増井　レジュメを見た途端、中身を見ずにゴミ箱にポンと捨てたんですよ。

神田橋　あら、そう。ごめんなさいね（笑）。

増井　いやいや。そのときに先生は、「こういうものは紙くずと一緒で、散った枯れ葉を集めたみたいなもの。本当のケースというのは、辛うじて貴方のイメージの中でまだ生々しく残っている患者さんのイメージとか、あなたの中に残っているちょっとした患者さんの記憶の断片とか、エピソードとか、そういうものをきっかけにしたほうが、まだ生きたスーパーヴァイズに近づけるかもしれない」と言われた。そう言われて、本当にその通りだと直感的にも、論理的にもそう思いました。ある意味で大きな「気づき」でした。まあ言ってみれば、レジュメは「今、ここ」の先生との関係に何も入ってきませんから。

神田橋　うん。

増井　レジュメにあるのは私とケースとの記述ばかりで、先生とのその場の関係は閉ざされていますよね。そのレジュメに引っぱられて、その場での先生への気持ちも言えなくなってしまうことがあるから。僕は、それからずーっとそのことが頭にあって、学会ではレジュメをつくらなければ報告できないからつくるけれど、それ以外は、どういう講演会でも全部レジュメなしでやっています。すると、「今、ここ」の自分の感覚が強くなって、それらをしっかり面接の場で生きられるようです。レジュメをつくるのは、以前に書いた自分の自由連想の紙をそのときの自由連想で読み上げるというえらい矛盾を含んでいますものね。

神田橋　うん、そう。

増井　だから面接の場でも、事前に患者さんについてあまり色メガネでなく、私の「今、ここ」に留まって、そこから始めることが十分できるようになりました。

神田橋　うれしいね。

増井　本当に先生の言う通りだと思うんですね。私はあんなふうに言ってもらわないと面接の核がわからなかったと思います。それで、この対談も、このあとの公開スーパーヴィジョンも、レジュメなしということで。

神田橋　ずっと、そうやっているの？　自分の今のスーパーヴィジョンも、全部その方式？

増井　全部その方式です。ただ、ヴァイジーがちょっとメモをしたいところがあれば、それはそれでいい。またレジュメが、「今、ここ」の生の自分を生きることに抵抗があってそれを自分から守ると言うか、何か意味があるなら、それはもうまったく自由に使っていいと思うんですけれども、それ以外はレジュメなしです。

「頭が真っ白」になる経験

増井　レジュメを使わないでやっていて、最初の頃、一度とても恥ずかしい思いをしましたけどね。

神田橋　どんな？

増井　ある講演会でレジュメなしでやっていて、途中で、自分が何を言ったか、言いたいのか、少し混乱してわからんときに、頭が真っ白になったんですよね。

神田橋　ああ、そう。

増井　はい。ちょっと大事なことなのでもう少し細かく話しますが、その会はどこかのお花の教室の全体研修会だったのです。それは大きな会場で、綺麗な着物を着飾った若い女の人たちが一〇〇〇人ばかりいて、私は少しその場の異様さに驚いたんです。前もって、その大会の会長さんが挨拶に来られたのですが、そのとき、「私は素人ですが、お花を生けるということは、生ける人の美しいという魂と、生きられる花との対話であり、それが形になったとき良い生け花ということになるんじゃないですか」とふと口にしました。そしたら、会長さんは大きく頷いて、「本当にその通りなんですよ。それが難しくてね。先生、今回はその話をぜひ皆んなに聞かせてあげてほしいです」と言われ、私の中で結論が出ていたところがあったんです。よく考えるともうすでにその時点で、その場の私を生きる私の言葉を出にくくさせていた訳です。

そして話が始まり、途中からこの話の結論が頭をよぎって、私の Here and now の言葉とこのあらかじめ決められた結論との間でごちゃごちゃが高じて頭が真っ白になって、適当な言葉を並べて、最後にお花というものは自分の魂との対話であり、お花の形と魂の洗練がお花の稽古にはとても重要になるという紋切り型の話で終わりました。

神田橋　あなたは関係の中にいるからな。それで？

増井　そのときに「ちょっと今、僕は何を言っていいかわからんようになった。頭が真っ白だから少し考えさせてください」と、素直にその一言が出ればいいんだけれども、それを隠して、隠して……だからもう、つぎはぎだらけの話になってしまって、終わってからも恥ずかしくて二〜三日寝にくかった。

神田橋　そりゃ、そうだよなぁ。

増井　ただ、今はもうレジュメはないほうがやりやすいです。人と人との関係はその場、その場で出てくる言葉が大切ですよね。これは治療的面接の基礎の基礎のようなものです。「今、ここ」を生きる力を訓練しておくことは、特に大切ですね。

神田橋　もう今は、と言うか、それ以後は、「今はちょっと頭が真っ白になったなぁ」とか言えるでしょ？

増井　言えますよ（笑）。けれど、「頭が真っ白になる」というのは単に言うことが浮かばないと言うより、もっと何か意味があるような気がするんです。

神田橋　あのね。河合先生がケースをやっているときに、こうして寝るんだよね。話を聞いているのか、聞いていないのか。それで、しばらくしたら、「ああ、居眠りしたのは、私の無意識が、あまり聞かないほうがいいと命令したんだろうか」とか言って（笑）。最初は、これはひどい居直りだと思ったけどね。

会場　（笑）。

増井　けれども、それをそのようにキャッチする河合先生もさすがですね。

神田橋　ボクは、ちょっと突っ込みを入れるときに「居直りって大事ですよね」と言うの。そのときはね、「ボクは、居直りを『居直り能力』と名づけています」と言ったら、河合先生が「ああ、私は『居直り指数』と呼んでいます」とか言ってね。何か、それから仲良くなっちゃった（笑）。やっぱり関係の中で、そういう「真っ白になる」が起こったときは、それはすごく大きなデータなんだよな。

増井　はい、はい。

神田橋　それを使わないのはもったいないですよね。

増井　もったいないです、はい。そのときには、そういうことを言う発想すらなかったから。

神田橋　なかったよねぇ。

増井　はい。あとになったらだんだん出てきて、その真っ白から何か学ぶこともあることはあったんですけどね。今から思うと、真っ白ではなく、言いたいことが多すぎて、それらが全部同時に出てきて混乱したような気もします。

神田橋　そうなんだ。昔、真っ白についてこう考えたんだよ。虹の七色を全部混ぜると白色光になるでしょ、な。そういう喩えを昔思いついたことがあったな。「真っ白の中にはすべての色があるので、とても深いんだよな」とか思ったことがあった。

そういうのを考えて……ああ、そうそう。今は、レジュメを破ったり、そんな乱暴なことはせんのよ。

会場　（笑）。

増井　いや、それはもうずいぶん変わられましたね。もう、だんだん、だんだん、優しそうになってこられたということは、この目でちゃんと見ていますから。

神田橋　そう、優しくなっているの。今はどう言うかといったら、「レジュメを持ってくるクライエントっていないよね」とか「たまにいるけどね」とか言ってね。それで、「レジュメでやっていくと、学会の覇者になるよ」とか言うの。「学会の覇者」というのは、まあ「机上の空論」と言っちゃあ悪いけど、似たようなもので、現場では通用しなくて理路整然としたことしか言えないようになるよ、と。

ボクのちょっと後輩で、もう今は長老になっておられる先生が、治療がとてもうまかったんです。治療はうまいけれども、議論が全然できなくてね。「だって、そうじゃん」とか、「何となくそうなるよ」とか言って、でも、それで患者が治る。治ると、その先生は「いや、良うなったわ、あの人」とか言っている。どう良うなったのかわからんけれども、確かに、患者は顔つきが良くなるし、生活が整ってくる。あれが、やはり根本なんだよね。

増井　いやぁ、よくわかります。

神田橋　ね。

増井　はい。基本的にそのような良くなり方が、私の場合はとても多いです。「なんとなく」とか、「おぼろげに気分が落ちついた」とか。

神田橋　そういうことなんだ。だんだんね。

パソコンでカウンセリングができるか

神田橋　面白い話をしよう。政治家が記者会見をするじゃない。近頃、あれが全然面白くなくなってね。フロアの新聞記者からの突っ込みが下手なんだよ。その理由は、今、記者会見に行く記者たちは、話を聞きながら、その場でパソコンを打てるの。すごいものだと思っていたら、とうとうボクのところにもそういうスーパーヴァイジーの人が来られてね。あれは大した技術だと思うけれども、自分の面接の内容が全部パソコンに入っているの。そして、それを読みながら、それにボクの助言を書き込んでいくんだ。近頃ボクは優しいから、そのままさせておいたら、そのうちにやめちゃった（笑）。

会場　（笑）。

神田橋　やめちゃった。

増井　ああ、そうそう、思い出した。昔、ずいぶん前ですけれども、パソコンのカウンセリングをしませんかということでお誘いがあったんです。僕は、そのときにちょっとむかついて、パソコンの文字面《もじづら》だけで人の匂いがせんところにカウンセリングなんか成立するわけがないなと思って、「お断りします」と言ったら、向こうの女の人は怒ってしもうてですね。

神田橋　怒った？

増井　怒った。

神田橋　へえーっ。

増井　いわゆるボランティアみたいなことに協力的でないという意味で怒ったのかもわからんけどね。

神田橋　ああ、そうね、うん。

増井　だけど、パソコンでやって、カウンセリングと言えるのかなあと、未だにちょっと僕は疑問に思っているんですけどね。文字や言葉は人の心の伝達方法のごく一部でしかないと思います。そこでは、最も重要な生きた感覚が肌身で感じられないからです。

神田橋　今は何か面接の練習をするソフトとかがあると聞いたけど、あるんですかな？　ある？

増井　いや、僕は知らん。

神田橋　知らないね。もう年寄りだから知らないけれども、あれは、何かこちらが言うと、それにソフトが質問してきたり、答えたり……、答えるのかどうかは知らんけれども、そういうのがあるみたいですね。

怒りだしたジェンドリン

増井　そうそう。昔、ジェンドリン*が来たときに、こういう問いにはこういうふうな答え、こういう問いにはこうと、紙を出して僕たちに答え方のスタイルを学ばせようとしたんです。僕は、そのときにものすごく腹が立って、「人の問いに対して、スポンテイニアス（spontaneous）に、また創造的に答える邪魔になるから、こういうことはやめておいたほうがいい」と言った。そうしたら、ジェンドリンが怒りだしてですね。

神田橋　怒り出したの？。

増井　それで、間に立った池見君が困って……（笑）、結局、そのまま通訳はしなかったですけどね。

神田橋　それは、最初の頃？

増井　ジェンドリンが日本に来た一番初めです。この人、理論は素晴らしいけれど、臨床はきちんとできるのかなというのが素直な実感でした。

＊　ユージン・ジェンドリン（Eugene, T. Gendlin, 1926～2017）。アメリカの哲学者・臨床心理学者。フォーカシングの創始者として知られる。

神田橋　最初の頃でしょう。ジェンドリンさんは哲学者だから、最終的にはそういうふうな方向に行っちゃうのね。だから、ジェンドリンさんの理論は本当に素晴らしいけれども、指導に来たときは、たいてい自分は講義、レクチャーをやって、実技のところは、一緒に来ていた、そのときは恋人だったけれどもその後一緒になられた人がやっていた。

増井　ああ、そうそう。あの人がやっていましたね、はい。

神田橋　その人が小児科の先生か何かで、すごい臨床家だった。

増井　そうです。

神田橋　あれはペアで良かったんだね。ジェンドリンさんについては、他にもこういうのがあったね。フロアから、「先生は、ノンバーバルなことやフォーカシング*というのをずっと追究してこられた。だけど一方で、先生は哲学者ですから、理路整然としたものを求めるということがあるのではないか。その二つは、先生の中でどんなふうに統合されているのか」と質問した人がいたのね。

そうしたら、ジェンドリンはこう言ったんです。「フォーカシングをやると、どんどんフォーカシングが発展する。あなたが言うように、これは非言語的な世界だ。そうすると、私の哲学はそれに刺激されて伸びていく」と。「その結果、どうなりますか?」と聞かれて「それは、大きなVです。victoryです」とか言ったの（笑）。

だから、ああいう対話が上手なんだね（笑）。二つは、どんどん離れていく。離れていくけれども、その結果、大きなVが出来てこうなる、「だから、victoryです」とか言ってね。何かねぇ、面白いなとは思った。

だから、あの人は、論には負けないんだよな。なかなか面白い人だなと思った。

＊　Focusing（焦点化）。ジェンドリンによって考案されたカウンセリングの技法のこと。人間の体験過程に注意を向け続けることから意味を見いだそうとする心理療法の一連のプロセスを指す。

治療者は一生治される

増井　ちょっと、先生、話は変わるけど……（笑）。

神田橋　え、話を変えるの？（笑）。　ボクのは雑談になってしまったね。はい、どうぞ。

増井　いやいや、そうではなしに、僕は一つ、二つ、先生にお聞きしたいことがあって。

神田橋　あ、どうぞ、はい。

増井　この会が始まる前に、企画された方とテーマ決めをしたんです。先生と僕が対談するときのテーマ。

神田橋　テーマについてはボクは知らないけれども、あなたが一人で決めたの？

増井　いやいや。僕は、おそらく先生はそれについて知らんのではないかなと思って、この場でその経過を話して、ちょっと先生の感想をもらえたらと思って。

神田橋　はぁはぁ、不安があるわけね？（笑）。どうぞ。

増井　不安と言うよりも聞きたいんです。最初にこの会から出されたテーマは、「心理療法、精神療法のこれからと今まで」というテーマでした。「これから」というのは先生や僕たちがしていくことで、それ以外は全部「今まで」。大雑把にざっくり言えばね。だから、あんまり面白くないかなと思って。

神田橋　その題は、心理療法があまりよくわかっていない人がつくった題だと思うな。

増井　大雑把過ぎてね。

神田橋　うん。なぜかと言うと、時間がこういうふうに流れていくという考えは、時間というものについての「一つの考え」なんですよ。時間が、ここからこう流れていくんだというその考えによって、どれほど精神的な不健康が生まれているか。それがわからないのかなと思って、ちょっとがっかりしちゃう。

増井　まあ、あんまり言うと可哀想です。

神田橋　可哀想……やっぱり優しくないな、ボクは。はい、まあ行きましょう。それで？

増井　それで、僕は、自分が話し合いやすいことは何かと考えて、「神田橋先生から学んだこと」という、そういうテーマを出したんです。それは、僕にとって一番イージーな話で、みんなが聞いても、ある程度、いやずいぶん意味があるような気がして。

けれども、それはすぐに却下されて、それで、次なんです。「治療者は一生治される」というテーマを先生が出してこられた。そのときに、これはもうちょっと太刀打ちできんと思った。

神田橋　ああ、そうですか（笑）。

増井　聞き手・増井、話し手・神田橋ならそれをしてもいいけれども、と。僕は、「治療者は一生支えられる」ぐらいならわかるんですが。それで、「治療者は一生治される」ということについて、ちょっと先生のご意見を伺いたいなと思って。

神田橋　ああ、それね。

クライエントは治らなくても治療者は治る

神田橋　あれは、最初に「治療者は生涯治しつづける」というのを考えたのよ。そうしたら、くだらんなと思って。「治されつづける」のほうが素敵じゃんと思ってね。

増井　ああ（笑）。

神田橋　それで、もうちょっと口当たりのいい言葉で言えば、「治療者は生涯成長しつづける」というのだけど。

増井　いやあ、僕は「治されつづける」ということを「支えられる」と言えばよくわかるんです。僕たちは一所懸命患者さんを支えているつもりでも、結局、互いに支えられているんだと思うんですよね。それは、ある程度実感できますが、「治される」というのは、まあ言うてみれば、あまり真面目な根拠で言っていないよね（笑）。

神田橋　いやいや、「治されている」というのは、「治す」という活動と、「治される」という活動とがあるでしょ？　クライエントが困っていて、それを何とか治そうとしているシチュエーションがある、それからが大事なんだ。ちょっと皮肉で言うと、クライエントは治らなくても治療者は治る。ボクはいつもそう思っています。

増井　ほぉー。

神田橋　前々からそういうふうに考えていたんだけれども、ちょうどそれを考えたのは、東北の震災があって、ボランティアがたくさん行ったでしょう？　ボランティア活動をする人がいっぱいいて、助かった被災者もいるけれど、迷惑をこうむった被災者もいるじゃろうと思って。だけど、行ったボランティアはみんな豊かになって、学んで、ニュー・エクスペリエンス（new experience）を得ていっただろう、と。

増井　なるほど、うん。

心理療法の根源にあるのはエンカウンターである

神田橋　それで、閃いたのは何かと言うと、「エンカウンター」なんです。ちょうど村山先生と話をするのに、どういうふうな話になっていくかなというのを考えているときに、結局、「心理療法の根源にあるのはエンカウンターであろう」と思うようになって、今はもうそれが結論になっているんです。だから、ロジャリアンだ、ボクは。

増井　ああ、なるほど、なるほど。私には、先生は基本的な部分にロジャリアンが強く根を張った人であると思えます。

神田橋　それで、「治される」ということになったの。

増井　なるほど。

神田橋　つまり、ボランティア活動やなんか、「関係」でシチュエーションが治していくということとの根源にあるのは、エンカウンターであると。だから、さまざまな工夫というものは全部、エンカウンターというものが生じるようにつくられているんだと、近頃はもう確信しているんだよ。

増井　ああ。その話の続きですけれども、先生って、テーマをつくれと言われたら、いくらでもいっぱい出てくるんですね。テーマがいっぱい出てくるので、そのうち先生の「自閉療法がある」ということになっていく。自閉療法は僕なりに非常に工夫した技法があって、ノイローゼから健常者まで、内容を聞かなくても心が扱える。もうこの頃、ほとんど九八パーセント、そう思うようになってきたんですが。

神田橋　そうですね、うん。

増井　そこで、「自閉療法、三つののびしろ」というふうに、また対談のテーマを変えたんです。それについて、先生がご存じかご存じでないかわかりませんが。

神田橋　ずっと追っていると、増井さんの仕事は、まず傷を負わせない。そして、自習的な部分を侵害しない。そのために、少し遠巻きにしたような形で見ている、それを総じて「支え」と言う、と。そういう形でずっと発展してきているということをボクは見ています。
そのために増井さんがつくった技法というのは、どれも素晴らしくて、ボクも使わせてもらっています。

増井 ありがとうございます。まあ、それで、最後に行き着いたテーマは、もう「成りゆくままになるやろう」ということで、「成りゆくままに」ということになった。

自分の中に多くのフィルターやスイッチがある

増井 ところで私は、先生は深いところではバリバリのロジャリアンで、かつまた徹底的に個の尊厳を大切にされて、個人と個性を尊重する日本国憲法の深い流れを感じます。生きた「歩く憲法」とでも言えるほどです。ご自覚されていますか？　これは先生のベーシックな部分が、多様なご自身の言い方の陰に隠れて見えにくくなっているのが、みなさんには見えますか？

神田橋 うん？(笑)。

増井 ねぇ、何が来るやら（笑）。先生のさっきのエンカウンターと結びつくんですけど、僕は、三〇年ほど前からずっと、何か勉強の手助けになってくれたらと思って、希望者には陪席を認めているんです。すると、ある非常に初歩的な人から、「どうしたら先生のような面接ができますか？」という質問をされたんです。

神田橋 それは初心者のような人ね？

増井 初心者です。

神田橋 はい。

増井　ごくごく初心者です。それで、はたと困って「どうしたら僕のような面接ができるか」と考えていると……悪いけれども、ここから話すのが長くなるんですけど。

神田橋　いや、どうぞ、どうぞ。時間は、いっぱいあるから。

増井　当事者というのか、患者さんと対面したときに、僕の体に、ものすごく心地良い空間が出来るんです。ほとんど職業的な訓練か何かの結果かも知らないけれども、これは、何でもありの、非常に温かい、ある種の情感がある。まあ言ってみれば、徹底的に癒える空間と言うか、温かい感じがいっぱいでね。

体の中心部で、心が大きな管のようになって感じられるんです。普通にこの辺にね。おそらくそういうものは、身も蓋もない言い方をしたら、「無条件の肯定的な心」というものになるとは思うんですけど。

僕は神田橋先生の教育分析を受けて、何年目ぐらいかな、四年目ぐらいかな、いつの間にか自分のまん中に大きな心地良い空洞があって、そこに水道の栓のようなものや、いろいろなスイッチ類が数えきれないほどあって、その栓を捻《ひね》ると水が流れる。それはおそらく知恵の水、そういうふうなものを感じたんです。

もうちょっと先に行くと、人の話すのを聞いているでしょ。聞いているときに、僕の中には、たくさんのいろいろなフィルターがあるわけです。まず、人の声。それも「聞こえている声」と「聞こえる声」とのわずかな差や、その人の心やその場で言いたいと感じている感覚と実際の言葉との間のわずかなズレや、それから、僕の言う「心の願い」のようなものも、ここを通じて、いろいろ判断するフィルターやスイッチがたくさんある。

そのスイッチやフィルターをあたかも患者さんが手探りで探して適当な所に触れたり、

押したりする感じがするんです。そしてその言葉が、患者さんと私の関係の中に投げ入れられると、将棋で歩が金になって、成り上がって、そこでいろいろな作用が起こるのと同じようなことが起こる。そういうふうなことの繰り返しが、自分の面接を支えている全体的な構図のようになる、とそんなふうに思うようになったんですよ。

そのことを話すと長くなるから、ちょっとうまくパッケージした言い方はないかなと思って、先生に会ったらそれを聞こうかなと思っていました。

静かなる無我夢中

神田橋　最初にあなたが話した「真っ白になる」というのがあったでしょう?

増井　「真っ白」と言うよりも、色はわからないですけれども、温かい……。

神田橋　いや、最初に、何か頭が「真っ白」になる、という話をしたでしょ?

増井　ああ、はい、言ったよね。

神田橋　あそこからの連続と思っていいよな。

増井　ああ?

神田橋　ね。

増井　ちょっと、わからない。

神田橋　向こうから来るいろいろな世界を受け止めていると言うよりは、身を任せている感じだ。

増井　うん。うんうん、そして身を任せていると、患者さんの方が色々なスイッチを探して、適当なものを押していく感じです。今はそんなふうにしか言えませんが。

神田橋　それを、ありきたりの言葉で言うと、「自己投入」のような感じだと。

増井　ああ。

神田橋　な。

増井　うん。

神田橋　「静かなる無我夢中」みたいな感じです。

増井　うんうん、そうそう。

神田橋　な。

増井　うんうん。それで、そのときに人に話しやすいのは、スーパーヴァイズするときに、「あなたのフィルターは、クライエント・センタード・セラピーというワン・フィルターしかないから、あなた自身という一人の人間としての言葉が何もない。それで、向こうの言動に凍りついてしまう。そこでは二人の人としての成長や心の進展があるわけがないやないか」と言うと、だいたいすっとわかってくれるんですね。

ところが、そのフィルターというのが、どれだけあるかと言うと、おそらくずいぶんたくさんあるように思うんですよ。それは、やっぱり「その中に静かに身を沈める」という聞き方から生まれることですかね。

神田橋　そう思うなぁ。

健康な退行

神田橋　さっきのその初心者の人には、そこからどう返事をするの？

増井　僕？

神田橋　うん。

増井　わからん。

神田橋　わからん。

会場　(笑)。

増井　そんなことを聞かれてもわからんもの。「一口では言われんね」ということで、それでまあ終わったんですけど。

神田橋　ああ、そうか。

増井　けれども、そういうことを聞いてくる人は、わりと多いんですよ。

神田橋　多いと思いますよ、ボクは、「その質問にはあなたの意欲が込められているから、その質問を忘れないようにいつも持っておくと、きっといいよ」と言う。

増井　うんうん。僕は聞かれた「言葉や内容」に反応して、先生は聞かれた「心」に反応していますよね。

神田橋　例えば、子どもがお家《うち》で大人を見習って何かを身につけていくときに、どうしたら、お父さん、お母さんのようにできるんだろうなというふうには思わないんだよね。自然にこう身についていくのでね。だけど、年を取ってきて成人になると、もうそれをそのままは持ち続けられないから、それを呼び戻すために、素直に学んでいくという昔のプロセスを呼び戻すために、「どうしたらあんなになれるのかなあ」と思うことは、自分自身に対する技法で、生体が自然に持っている学びの意欲を、自分の内から呼び戻す手続きだから大事にして、と言うの。

増井　なるほどなあ、うん。

神田橋　そして、そう思った瞬間に、当然、退行があるんだよ。だから、どこかに退行があって、そういうふうな退行の持つ有益性というか、退行が人を導いていくというか、その質問はとても健康な退行なの。

増井　うん、なるほど、うん。

神田橋　ヤクザの人が「どうしたら親分みたいに白刃の中でも動じないようになれるかな」と思うのも、やっぱり退行で、健康なものだと思うんですよね。場が不健康なだけで、その思い自体はとっても健全なものだと、ボクは思うの。

増井　そうですよね。うん。

面接は日々新た、だから飽きない

神田橋　そんな話をします。そうすると、よくわかってくれる人もいるし、はぐらかされたと思う人もいてね、それはまあその人たちの資質の豊かさの加減なのか、刻み込まれている学習体系の硬さと柔らかさなのか。いずれにしても、そうしてやっておけば、次の変化がまた来ます。

ボクがあなたと違うのは、これは資質の違いだけれども、「真っ白になる」ということがないのよね。「自己投入」ということもないの。それは、資質の違いであるわけです。だけど、共鳴はできるんです。似たようなことを、ボクは技術でやろうとする。

増井　確か、僕は自分でもはっきりと覚えているのは、さっき言った、自分の中に大きな筒のようなものがあって、そこに知恵っぽい水が出てくるのよね。それも自動的にと言うより、患者さんがあたかもあるスイッチを押しているような気がするんです。それに従っていくだけで、何か知らんけれども力を抜いて相手の話を聞いているといろんな知恵っぽい水が湧いてくるのね。それからすごく面接が楽になった。とっても楽になった。力がほとんど抜けて、ただ、もう我が身一つ、「心」一つ持っていたらそれでいい、ということになってね。そういうことってあるのかな？　自己自律的なアミーバーみたいな動きとも言えますが。

神田橋　これでいいのかな。「面接は、日々新たである」という感じがする。そうだよな？

増井　そう。

神田橋　日々新たなんだ。だから、飽きないのよね。

増井　そうなんです。それで、患者さんの名前を忘れたとしても……。

神田橋　そう、名前は覚えんものね。

増井　うん、「すみません、良かったらもう一度お名前を教えてください」と言うことで、そういうことで、面接前に持っていくものは何一つない。スッカラカンです。ただその人に会うだけです。ただその人に会う、虚心に聞く、話す、その積み重ねばっかりだから、もうメモも何もあったものではないね。

神田橋　ないねぇ。

増井　まあカルテは適当に書くけど。

神田橋　近頃、ボクは年を取って、だいぶボケてきたので、顔を見て「どこかで見たような人だなあ」と思って、どこの誰さんか、いつ会ったのかわからんけれども、「ああ、昔よりしっかりしてこられたみたい」とか、「昔より老けて悩みが増えたみたい」ということはわかるんだよね。以前の雰囲気は記憶しているんだ。

だから、それで思いついたのは、究極は、ボケてもできる心理療法家になろうと思って。だんだんそうなっているからさ。

増井　前田〔重治〕先生が言っていたけれども、ボケるのはとてもいいと。昔は輪郭がはっきり見えすぎてどこか辛かった、と。

神田橋　そうでしょうね。

増井　頭のいい人ですからね。それが、もうボケてきたら輪郭がぼやけてきて楽になったという話を聞きましたけどね。

神田橋　だいたい、輪郭は人工産物ですよね。だから、この机で言うと、これは机としてはしっかりしていて、概念としてはしっかりしているけれども、三、四〇年もすると劣化するでしょう？　劣化するということは、空中とこの物質の表面との間に絶えず分子の出入りがあるということなんです。だから輪郭は、概念としてはしっかりしたものだけれども、現実のものとしてはさほど完璧ではないんです。常に分子が出入りしているから劣化というのがある。輪郭線というものは邪念ですな。

増井　うん、なるほど。

神田橋　何かを書いて、「ああ、なるほど」と言ったら、それをぱっと消さにゃいかんね。そのことについては書評か何かに書いたことがある。

ここに台風が来ているとして、その外では風が吹かないと思う人はいないでしょ？　やっぱりちょっと風は吹くもの。だけど、まあこの辺で丸をして、それを台風と言っている。けれども、その外も、やっぱり風がいつもよりたくさん吹くじゃない。そういうことだよな。

だから、レジュメをつくる人は嫌いなんや。レジュメを一所懸命つくって、天気図みたいなものをつくって、台風はこっちから来て、寒冷前線がこうなってとか言っているだけだ。「寒冷前線はまだ来ていませんよ」とか言ってね。来ていなかったって天気は悪いしね。レジュメをつくって、しっかりしてやるのは嫌いだわ。

関係性が書かれていないケースレポートはつまらない

神田橋　例えば、「嫌いだわ」とボクが言うでしょう。そうすると、何かはっきり「嫌い」みたいになるけれども、そんなことはないんだよね。人間の好きと嫌いはアンビバレントだから。アンビバレントでないものは妄想です。

増井　レジュメは面白くないものね。また、ケース論文でも、来談者が述べているものは客観的だが、治療者が述べているのは主観で、客観性に乏しいので省きましたとか言ってね。ケースのもつ科学性というのは「関係の科学」であって、治療者の感じや考えを記述しないと関係の科学にはならないですからね。妙な科学にまだとりつかれている人は割合多いですよ。

神田橋　面白くないね。

増井　関係性の記述のない文章ほど、つまらないものはない。

神田橋　ないねぇ、本当に。

増井　人がどう言った、こう言っている、ということを書かないとね。

神田橋　ここには少ないと思うけれども、若い人に教えていて思うのは、「ケース」というのに自分が入っていないのね。

増井　そうそう。

神田橋　ケースというのに自分は入っていないと思って、「ケース」と呼んでいる人がいて、なんだか、つまらないケースだなと思ってしまう。そういうケースを書くということと自体、つまらないと思うんだよなあ。

増井　そう、ケースの記述というのは、関係性の記述であって……。

神田橋　うん、そうだよね。

増井　相手が何を言ったかということと、こっちが何を思ったかということのやり取りがケースの事実であって。

神田橋　ねぇ。

増井　そうでないと、面白くないですよ。

神田橋　ねぇ。そういうつもりでケース・レポートを書いてくれんとしょうがないんだよね。

増井　そうそう。僕も、心理臨床学会の編集委員を六年もやらせてもらって、学会誌の投稿論文の審査のために、いっぱい、もう嫌と言うほど論文を読ませてもらったけれども、面白いなと思う論文はやっぱり少ないですね。

神田橋　もう嫌になるほど読んだわけだな（笑）。

増井　そうですね。

神田橋　我慢強くはなると思うんだ。

増井　いや、読んで所感とかコメントを書かないとならないんです。まあ最初と最後を読んで所感を書くこともできるけど（笑）。

神田橋　ボクは昔、若い人に、「まえがき」のところに「フロイト」という字が出てきたら、その論文は読まんほうがいいとか言っていた。たくさんあり過ぎるから、どれを読むか、読まないか、決めないといかんでしょう。今はそんなことはしないけど。今は、手をこうかざしてね（笑）、邪気があったら読まないの。邪気のない論文は少ないよ。

増井　うーん。論文の発する独自な気配はあるようですね。テーマとサマリーを読むとわかるみたいです。

神田橋　邪気、邪《よこしま》な心が論文に載っているとボクは読まないけど、邪気の話は、全然心理臨床に繋がらんな。

増井　先生の中では繋がっているんですよね。

神田橋　ああ、ボクの中では繋がっている。ボクはもう何でも繋がっているんだ。食事療法から、整体から、オカルトまで。

増井　こんなときに聞いていいことか、悪いことかわかりませんけれども……。

神田橋　いやいや、いいですよ。

増井　一時《いっとき》、神田橋先生と対談会をもう二〜三回したじゃないですか。クローズドで、限られた参加者との研究会のときに。そのときに、「ちょっと先生はお元気そうかな」と思って、「お元気ですか？」と言ったら、「外面は桃のようで元気だけれども、中はちょっとようわからん」というようなことを言われた。

神田橋　いやいや、「桃は中から腐っていくから、外がしっかりしているけど、もう中は駄目になっているかも」と言ったんじゃないかな。

増井　それが十何年か前のことですが、まだまだ大丈夫ですよね？

神田橋　うん、まだまだ何とか持っていますよ。ただ、中が崩れてきて、構造がぐちゃぐちゃになったのを「熟した」とも言うからな（笑）。

増井　うん、うんうん、本当ね。熟して腐っていたらですけれどね（笑）。

神田橋　「熟した」と「腐った」の境目というのは、あれは言葉が分けているだけで、わからないですよ。納豆なんか、外国人はみんな「これは腐っているんだ」と言うけれども、「そんなことはありません」と言うわけにもいかんしな。

増井　いかんですね。

神田橋　腐ってはいるからねぇ。

現実よりも、どんなイメージを持つかのほうが大事

増井　ちょっと先生の前で気恥ずかしいのですが、ヴァイジーとヴァイザーの関係なんですけれども、番場の忠太郎の話を先生がしたよね？　瞼《まぶた》のおっ母《か》さんの話。* 僕は、いつも思うんですが、ヴァイジーとヴァイザーは、会ったときにヴァイジーがどんなイメージを持つか、要は、ヴァイザーがヴァイジーにどういうイメージを与えるか、それが一番大事で、ヴァイザーの現実はもうほとんど関係がない、というふうにこの頃思うようになってきました。

というのは、ちょっと話は飛びますが、僕は大学を辞めてから、ちょっと世界一周の船旅に行きたいなと思って、行ったんです。

神田橋　行ったの？

増井　ああ、行った、行った。

神田橋　はあ、船旅に。それは羨ましい。

増井　僕は船が好きでしょ、それで船旅に。そのとき、ギリシアの小さなカフェにジプシー*の人が、ちょっとインテリのジプシーかな、グループから離れている人がおって、その人は英語ができたんです。それで、二つほどちょっと聞いてみたかったことを聞いたんです。

＊　幼い頃に生き別れた母の面影を慕い続ける旅の博徒、番場の忠太郎の話。

＊　ジプシーとは、一か所に留まらずさまざまな地域を渡り歩いて生活する移動型民族を指す。ヨーロッパを中心に世界各地に散在するが、地域住民からは多くの差別や迫害を受けてきた。「ジプシー」という呼称には軽蔑のニュアンスがあるということで、今日では「ロマ」が用いられることが多い。

一つは、「あなたたちは、なぜこう動き回るのか」ということ。昔からそうしているから、答えられないだろうと思って僕は聞いたんです。そうしたら、「一か所にいると、体が腐るから動いているんだ」と答えた。僕は、今はちょっと体が悪いけれども、動き回るのが好きだったから、ものすごく感動したんよね。

二つ目は、あの人たちはああいう生活をしているから、誰がお父さんなのかわからんときがあるんだそうです。

神田橋　ほぉ。

増井　グループですからね。そのときに、ある年頃になったら、自分の母親から聞いて自分の父親星を見つけて決めるんです。そして、その親星は、絶対に人に言ってはいけないという決まりがあってね。

神田橋　人に言ってはいけない。

増井　自分の心の中だけで、そういうしきたりに従っている。慣れてきたら、昼間でもその父親星がまぶたに浮かぶというわけなんですよ。それで、困ったときは、その星と話をする。そういうふうな関係と、現実の訳のわかったようなお父ちゃんとの関係とかを比べてみた場合、もちろん一長一短はあるけれども、結果的に、まあどっちも大事ですが、要は子どもが親の現実の姿からどんなイメージを両親に持つかということが大切だと思います。

だからやっぱりヴァイザーがヴァイジーに会って、ヴァイジーがどういうイメージを持つか、そしてそれをどう伸ばすか、そのイメージをどんなふうに生かしてもらって、また次の患者さんに応用できるかということ、それらを一生懸命考えて一つの（スーパー）ヴァイズをしています。

「出会った関係に別れはない」

増井　僕は、神田橋先生と実際にお会いする機会ってもう少ないですね。

神田橋　少ないね。

増井　ただ、僕の中では、もうほとんど臨床活動をするときに先生のイメージがあってね、おかしいことに、人生を左右するような大きなことが起こるときに、必ず先生が横にお る。それで、こっちだということを何も言わないけれども、何か自然にこっちを取ったり、あっちを取ったり、と。まあそこまでなれるとは、そのときは思わなかったですが。

神田橋　なられていましょう。もうあっちこっちで聞くもの（笑）。

増井　そのときにやっぱり思うのは、結局、そのとき先生は、飯を食ったり酒を飲んだり何をしているかわからんけれども、私の心の中ではいつもイメージとしてはちゃんと生きているんです。だから、イメージというのは、とても大事なんですね。

神田橋　ボクが大好きな言葉のうちの一つが、「出会った関係に別れはない」という言葉。ほんとにそう思うんです。

増井　どういうことかな。

神田橋　別れがあるなら、本当には出会ってないんだと思うんですね。僕は今でもやっぱり、何かのときに「パデル先生*にこれをお話ししたら、どう返事をしてくださるだろうかな」と思うことで道が開けることがあります。

増井　そうそう、うんうん。そうですね。

神田橋　だから、そういう出会いはとても大事なものだけれども、出会いというものは、

＊　ジョン・H・パデル（John Hunter Padel, 1913-1999）。イギリスの精神分析学者。神田橋條治の分析家。

何か内側でいくつかのものが出会うんでね。つまり、パデル先生のイメージ、それと、パデル先生との関係のイメージを思い出すということは、実は内側にある「出会っていないもの」同士を出会わせるための契機になる。だから、「出会った関係には別れはない」ということがあるんです。

それの一番典型的なものは、ほとんど、じゃない絶対にだな、絶対にキリスト様に会った人はいないんだよな。昔は出会っただろうけれども、今はなあ。お釈迦様に会われた人も、もう今はいない。だけどそこに、自分の定めた星のような役割をしていらっしゃるのでしょうね。

増井　そうだね、うんうん。

神田橋　そうすると、実際の現実のものとはまた別の、何か「行き交い」みたいなものかな、雰囲気みたいなものが生じるのだろう、と。

増井　そうでしょうね。

神田橋　そういうものが一番大事なんだろうと思うんだよなぁ。

ネガティヴなイメージが語られるとき

増井　うん、言われてみると、自分の星を見つめている彼はその雰囲気に包みこまれているようでした。そう思う。

またちょっと話は違いますけれども、今はポジティヴなヴァイザーとヴァイジーの関係が、あとで変わることがある。ほかの人からヴァイズの申し込みがあったときに、今までやってきた人のヴァイズのちょっとした良くないところとか、大学のシステムの中で今受けているヴァイズがいかにつまらないかとか、そういうことをよく話されるんです。わりとまあそういうことが多い。

論理的に考えたら、「こうなりたくない」なら、例えば酒飲みの親父のようになりたくなければ、自分はお酒を飲まなければいいわけだよね。ところが、これ、論理的に考えると非常に簡単なんやけれども、心理的にマイナスのものをプラスにしていくというのは、僕は、ちょっと難しい作業ではないかと思ったりするけれども、先生はどう？

神田橋　僕は、この一〇年ぐらい、そういう何かネガティヴなイメージとか、ネガティヴなことを言っている人には、「それがネガティヴであるということの本質は、それとあなたとの関係が良くないことなので、どんなふうに関係が良くないのかということを考えていくと、答えが見つかることが多いよ」と言うんですね。

増井　なるほどな。うーん、なるほど。僕は、できたら、この次のデモンストレーションじゃない……、いや、何だったか……。

神田橋　公開スーパーヴィジョンをやるんですよね。

増井　ああ、そうそう。そのときに、先生の言われる、その「関係」ということを真っ正面に置いて、ノンバーバルな感じでちょっとだけやってみようかなと思ったり。

神田橋　あ、そうですか。

増井　はい。そのときに、また意見を。

神田橋　うん、そうしましょうね。これは、あと三〇分ほど時間があるのかな？　何か話題を変えてもいいし……。

増井　うん、どうぞ。

神田橋　いや、あなたのほうで何かない？

増井　うーん、僕は、まあ先生と一緒におればご機嫌なので（笑）。

すべてが崩れてゆく強烈な体験

神田橋　じゃあ、少し昔話をすると、パデル先生のところに週一回通って、それで、ボクが日本に帰ってきてから師匠である西園（昌久）*先生にお会いしたときに、一番最初に「自分が教育分析を受けて帰ってきたときのことを思い出した」とか言われたんですね。何かそういう雰囲気があったんでしょうね。

パデル先生のところに行って、ちょっと先生が何か話をされると、ボクの中で何かが、ガラガラと崩れるんだな。

増井　僕が先生からその話を聞くのは、もう三回目くらいかな。ただ、もうちょっと詳しく話を聞きたいです。

神田橋　それは、また別なところでね。話を戻すと、パデル先生のところには、ボクよりあとに九州大学の人だけではなくて一〇人ぐらいの人が行っているわけですよね。でも誰も、そんなに何か強烈な体験がないみたいね。みんな、ともかくパデル先生は親切な人で、優しくて、面倒見が良くてという話しかしないのよ。

そういう強烈な体験は、ボクだけなんだな。あの頃のボクは、もう精神分析学会では大した論客だったから。

増井　そうそう。目立っていた。でも、先生はどことなく、とても人なつっこい感じがしましたけど。

神田橋　ねぇ、もう。

＊　西園昌久（一九二八〜）。精神福岡大学名誉教授。精神分析をメインとする精神科医。

増井　うん、目立っておったよな。

神田橋　うん、大変だったよな、固まってきて。それで出て行った。

増井　そうですね。

神田橋　自分の中で一つの精神分析の理論体系というものが完成して、そして、「完成した」ということの窮屈感があってね。自分の自由な連想は、もうちっとも湧いてこなくて、何かするとそれが全部理論的に自分の中で解説されてしまう。そんなふうなつまらなさがあって、一種の限界状況にあった。それが、本当にわずかなことで崩れるのよね。だから、ボクの内側に、崩れることを求めている何かがあったからでしょうね。

崩れて、崩れてね。それで、帰り道はこっちが崩れてしまうものだから辻褄が合わなくなって、どうしたことかと思って、次の週に行って話をすると、また何かが崩れてね。それで、何もなくなったみたいになっちゃってね。

あの頃は、先生のところからの帰り道に、自分は精神分析なんかを志したのがそもそもの間違いで、全然才能もないのに、もうこれはどうしようもないんだと思ってね。はるばるロンドンまで来たのに、今まで自分の中でつくり上げてきたものが、全部ガラクタだった。四〇歳前だから今さらやり直しもきかないしねぇ、どうしようかと思った。

今から研究者にとも考えたけれど、研究者は嫌いだし、動物をいじめるのも好かんから、どうしたものかと思ってね。しばらく悩んで、それで、解決策としては、「ああ、そうだ。あのモーズレイ（Maudsley）の診断学というのはとてもいいから、診断学を勉強して、それをみんなに大学で教えたら良かろう、それだったら価値があるのではないか」と思って、結構せっせと診断の勉強をしたのですなあ。

しかし、そうやっているうちに、何か前から思っていた窮屈感とか、これ以上発展しないというような思いは全部なくなっちゃって、何か明るくなってね。

増井　ああ。僕は先生に教育分析を受けたときに、「分析用語を使うな」とか、いろいろなルールをつくったんよね。それで、結局のところ、行き詰まって、自分が自分の言葉でどう言っていいかわからんようなときがあった。そのときは、自分の中のものが、やっぱりある意味で潰れていったのだと思います。抑圧とか、投影同一視（projective identification）とか、そういう便利な言葉を全部使用禁止にしたときに、何が起こったかと言うと、結局、「自分は何もわかっていない」ということがわかった。例えばある人が、コンフリクト（conflict）があって会社に行かなければいけないのに行けない。このコンフリクトが、苦しくて、疲れて、ということは言葉の上でわかるんだけれども、ただ、本当にもっとわかろうとしたら、彼らが会社へ行こうと思うときに、どのような痛みを持っているかということをわからないといけない。イメージとしては出てくるのよね。ここら辺から、いっぱい、こっちから、こっちから、こっちから、と。けれども、それを彼らの言葉で言おうとしても言えない。

結局それは、自分にとってはもう限界ですよね。けれども、言葉になりにくいことをできるだけ、例えば「脳にささっていつまでも取れない感じかな」とか言葉にして言ったほうが、患者さんはわかりやすいみたいですね。

神田橋　うん、そうですね。

ご破算にして面接に臨む

増井　だから、僕はときどき自分に絶望したり、自分はいったい何をしてきたのかということを面接のときにはご破算にする。これはとっても大事なことではないかなと思っています。前田先生からは、「ご破算にする能力がある」と言われます。ご破算にすれば何も残らないのでご破算にできない人がいっぱいいるけれど、ご破算にするのはその人が成長する大切な作業であるのは間違いない、ということを言われていました。

神田橋　ご破算ができる恵みみたいなものかな。

増井　うん。僕はそのベースには、もっともっと言葉にできない何かが新たにあって、「ぺちゃん」とご破算にできて……。ベースに何もなかったら、ご破算もできんのではないかと。そういう捉え方をしていますけどね。

神田橋　ないとなぁ。うん。ボクがロンドンから帰って指導した第一号の人が、あなただったのね。

増井　ああ、モーズレイから帰ってきて。

神田橋　うん、帰ってね。あのときは、ともかく資質のある人に崩壊感をつくらなきゃあいかんと思ってね（笑）。

増井　ええ、それはもう痛いほど感じて。まあ考えてみれば、それまで積み上げてきた治療論なり方法論はガラガラと崩れて、今思うと生産的崩壊があったんだな、と。本当にそうだったなあと思います。

神田橋　うんうん、それもね、崩壊感をつくればいいんだということだった。

増井　けれども、あのときのふんわりとした攻撃は……、やっぱり、そうですねぇ、今の弱い人はついて行けるかなあ。私はあのとき、先生が怒っている根っ子に莫大な許りしれない優しさを感じていました。

神田橋　あ、そうですか。

増井　けどね、先生。一週間に一回、「お前は何をしているのか」ということを聞かれているような気が勝手に起こって、大変でした。

神田橋　あれはねぇ、本当に崩壊感をつくろうと一所懸命やっていたんですよ。ところが、崩壊をつくる技術というのは、これは天性の才能があったものですから、そんなに頑張らなくても良かったんだよね（笑）。

増井　先生の崩し方は、意図的かどうかわからないけど、気づいたら崩れていたというところもあって（笑）。何かチクチク、チクチクしていたから。

神田橋　引っ掻き回すのね。

増井　もうパッと気がついたら、ゴロンとなくなっとったですけどね。

資質のある人には、まず生産的崩壊を起こさせる

神田橋　ボクは、パデル先生による崩壊から立ち直るときに、明るみが出て、自由になって、自分の今まで使わなかった経験や体験の記憶が生きて使えるようになってね。「あ、これは、才能のある人、資質がある人だなと思ったら、まず崩壊を起こさせればいいんだ」というふうに思ってね、それで、しばらくそうやっていたけれども、そうせんでも、ボクが普通に話して、普通にしておれば、たいてい相手が崩壊するんだとわかってね。

増井　そう。そうだな。

会場　（笑）。

増井　それで、僕の友達はだいたい、神田橋先生には、まあ年に一回、頑張って年に二回

ぐらい会うのがいいんやないか、と。それ以上になると、やっぱり我が身が危なくなると言っていました（笑）。それも、僕は知恵だと思うけど。

神田橋　今、心理臨床学会なんかでもやっているのかな。スーパーヴィジョンは週に二回はしなければいかんとか、一回、二回だとか。そんなのはしていないの？

増井　あんまりないよな。

神田橋　ないですね。日本精神分析学会は、ボクは学会員でもないんだけれども、そんなのをやっているみたいね。

増井　ああ、毎日分析みたいに。

神田橋　ああ、協会のほうね。ボクは協会員になったけれども、協会は毎週四日分析かな、やっているみたいだね。よっぽど壊す力が弱いのか、壊されないような力が強いのかねぇ（笑）。

増井　本当ですね。僕もわからんけれども、先生みたいな人に、きっちり正確に精神分析を受けておったら、ひょっとして、頭がボーッとなって、ちょっとおかしくなっていたかも。本当にそうかもわからんね。

神田橋　今はようやく、精神分析もエンカウンターをつくるための方法の一つだというふうに思うようになっていますので。

増井　なるほどな、うんうん。

神田橋　どこからでもいいと思うんです。ボクの場合は、やはり村山（正治）先生とのおつき合いの中で出てきたものだろうと思いますけどね。

増井　うんうん、はい。

神田橋　だけど、「ああ、いいところへ来たな。いいところに到達したな」というのは思っています。いろんなことがそれで納得できるんですよね。

日本人としての美学を持つ

神田橋　そうそう、さっき言っていた、ジプシーの人がさ、「同じ所にいると体が腐る」と言ったでしょう？　それを聞いて、ああ、ジプシーの人たちは、体と心とを、あまり区別しないで使っているんだなということがわかった。

増井　区別していない、うん、そうですね。

神田橋　「命が腐る」というようなことでしょうね。

増井　そうですよね。「心の命」とも言えますね。

神田橋　ジプシーの人たちの世界は、そのようになっていることの健全さがあるよね。どちらかと言うと、心と体を分けてきちんとしている民族ほど、他の民族をやっつける。撲滅したりする。

増井　そうだなあ。うん。特にキリスト教なんかはそうだよね。

神田橋　うん、そうだね。

増井　僕が、この前に世界一周した話をしたけれども、ブラジルとかに行くと、キリスト教が統治していたので、山の天辺に、ものすごく大きな十字架があるんですよね。アルゼンチンにも、どの国にもあるわけです。あれを見たときに、僕は、何かとても嫌なものを感じたね。怖いと言うか。

神田橋　怖いねぇ。

増井　日本人は、そこまで露骨にはせんでしょう。

神田橋　うーん、そうね。ロンドンでインドネシアの精神科医とちょっと仲良くなったんです。インドネシアの精神科医が、日本の歌をお祖父さんから聞いたか習ったかしたんでしょうね、「ふるさと」か何かを歌ってくれた。

「仏印《ふついん》」と言ったんですが、仏領インドネシアになっていたとき、つまりフランス人が統治していたときは、フランス人が住む場所と現地人が住む場所とを分けていてね。

増井　そう、新市街と旧市街と。

神田橋　そして、つき合うときは、みんなフランス語を勉強させていたんですね。

増井　そうそう。

神田橋　そこに日本軍が来た。日本の軍隊は、民宿みたいにその中に住んで、みんなインドネシアの言葉を覚えようとした。だから今でも、フランス人が統治していたときを知っているインドネシアの老人たちは、日本人が好きだと言っていましたね。

増井　そうだな、確かに。世界を回って思ったのは、日本人は、日本人が思っているよりももっと、ほかの国の人たちから好かれていますね。だから、われわれ日本人は、それなりの自覚と美学を持つことが必要だと痛感しました。

神田橋　うん、そうですね。やっぱり仏教文化も一つあるとは思うけれども、何か独特のものですよね。

増井　そうですね。仏教は比較的、支配の手段として利用されなかったようだし……。

神田橋　「空気を大事にする」というような、ボクが一番嫌いな空気によって物事が動いていくという、実にどうしようもないものが優しさと繋がっていくのだろうと思うんだよな。だから、何がいい、何が悪いというのは難しいなと思いますね。

増井　難しいよねぇ、空気によってつくられているものに善悪はつけにくいですよね。ええっと、あと何分ですか？

神田橋　あと一〇分だね。

増井　一〇分経って質問を受けるのですかね？

神田橋　うん。

増井　まあだいたい、そろそろ。

神田橋　どうしようかね？　質問に移ってもいいよ。どっちかと言うと、みんなぐちゃぐちゃのほうが楽しいよな。そうしようか。

増井　気楽に、何でも思ったように。

神田橋　それでは、質問にしよう。

いざ質疑応答へ

司会　ありがとうございます。先生からそういうお言葉をいただきましたので、ぜひ、フロアのほうからご発言いただいて、一緒にお話を進めていければいいなと思いますが、いかがでしょうか。

神田橋　あっ今、フロアの電灯を明るくした人は偉い！

会場　（笑）。

神田橋　偉いなぁ、そういうのがスッとできるの。

司会　どなたでも、挙手をいただいて、前のほうにはスタンドマイクが二本用意してありますけれども、後ろのほうの席にはマイクをお持ちいたしますので、どうぞご遠慮なくご発言ください。いかがでしょうか。

神田橋　このあとケース・スーパーヴィジョンがありますから、ケースの話ではないものにしましょうね。どうぞ。

ボクは、変わった人で、質問が出ないとうれしいんだよね。まだみんなの脳が一所懸命今の話を消化しようとしていて、質問をつくるまでに時間がかかる。ボクが話して、うまく行ったときは、たいてい質問は明後日《あさって》ぐらいに出てくるんだよな（笑）。

出てこないほうがうれしいんだけど。でも、何も出ないとちょっと困るよな（笑）。

司会　ああ、今お一人。

より根本のところを発言する

神田橋　はい、どうぞ。質問をする人は変な人、ということはないから、どうぞ（笑）。

A　神田橋先生がイギリスから帰られたときに、西園先生が「自分が教育分析を受けられたときのことを思い出した」と、ちょっと言われましたが、それは、先生がやっぱり感動したということを西園先生が感じられたのでしょうか？

神田橋　西園先生は大変な臨床家で、パッと見ただけで状態が、一言も聞かないでもわかります。ですから、僕を一年数か月前に送り出したときと、帰ってきて会ったときの差を見ておっしゃったんです。

今にして思うと素晴らしいなと思うのは、そのときに「教育分析を受けて帰ったときみたいだ」ということを言われなかったことなんですね。「教育分析を受けたときのことを思い出した」とおっしゃったんです。わずかな違いだけれども、そこが、やはり治療者としてすごい。これ、わかる人はわかると、思います。

「ときみたいだ」というものの前に、「それを思い出す」ということがあって、そして、「ときみたいだ」ということが起こってくるんですね。事態の流れのプロセスの、より根本のところを発言するというのは、説明すれば、フォーカシング体験を話しているようなものだから、治療者としてのそれがパッと出てくるところが、やはり本物の治療者だと思います。西園先生は、フォーカシングなんか知らないと思うんですけどね。

「関係を生きる」ということ

司会　ありがとうございます。ほかに、いかがでしょうか。はい。

B　増井先生が、自分の心の中に親星というものを持って、人生の大切な節目とかに、そこから何を思うか、何かその姿を見て判断したりするというようなことを言われていました。臨床心理士として働くときに、例えば、社会がそれを望んで、何かをしなければいけないという立場になったときに、「果たして本当にその必要があるのだろうか」と思いながらも、そしてたぶん親星は嫌がるだろうけれども、雇われている身としてしなければいけないということがある。そういうときに、なかなか自分は下手で折り合いがついていかないので、どう捉えていけば、どうこなしていけばいいのかなと思うことがたくさんあります。お考えを聞かせてください。

増井　僕は今腰が痛くて、頭の動きがボケとるので、ちょっと先生、お願いします。

神田橋　一つ明確にしておかなければいかんのは、親星の話は、ジプシーの人が言った話ですよね？　ジプシーの人がそういう話をしたんじゃなかったっけ？　それを先生は実行しているという話だったっけ？

増井　いや、そういう話があったと。

神田橋　それを聞いたという話ですから、それがあなたの聞き取りの中で歪曲されていませんか？　ジプシーの人がそう言ったので、それで感心して、増井先生はそのあとそういうことをやるようになったという話は出なかったと思うんだけど。

B　たぶん歪曲をされています。すみません。

神田橋　だけど、あなたがそれに触発されて、考えられたことはわかります。

増井　うんうん。

神田橋　ね。そして、そのときに、この、心理臨床家を目指している自分が納得できることと、今クライエントにすべきであろうと状況から思っていることとが相容れない、と。そういうときには、その葛藤が、クライエントの中にある葛藤と相似形であるだろうかと考えてみてください。相似形であるならば、それは、共感とか、共に生きるということの、非常に素晴らしい手立てが得られたことになります。だから、この葛藤を、何とか、どんなふうにかして、クライエントに伝えたい、と。もちろん、昔のボクのように、パッと伝えれば、相手はもしかしたらしっちゃかめっちゃかになっていってしまうかもしれないから、生活が多く乱れない程度に、緩和した形で、しかし、構造はそのままにクライエントに返すということがいいと思いますよ。

中途半端によく勉強している人は、「逆転移による認識」という言葉が精神分析にあるものだから、たいてい「ああ、この自分に起こっている逆転移は、クライエントが自分の葛藤をこちらに投げ込んだのだ」と理解してみようとする。それで、それを、「あなたは、したいこととすべきことの葛藤があるということを今語っておられるような気がする」とかいうように、何かを取り上げて言う。

これは、さっきの人の質問と繋がるけれども、西園先生が「ああ、君は僕が精神分析を受けて帰ってきたときに似ているよ」と言われたら、そのやり方です。そうではなくて、「自分の中に精神分析を受けてきた頃の体験がふっとこう思い出されたよ」と言うと、これは相手に突っ込んでいないでしょう、ね。

ところが、「精神分析の逆転移による認識」という考えに魅了された人は、それを突っ込みに使うわけだ。そうすると、あまりに正し過ぎる乱暴な解釈になるわけです。そうではなくて、今、自分が迷っている感じをクライエントが理解しやすいような形で話すと、それを観察することによってクライエントの中に何らかのエンカウンターが起こってくる可能性があるわけです。それが、「関係を生きる」ということです。まだまだ多くのカウンセラーたちは、自分は迷える羊を「導く人」のような奇妙な心境になっていますよね。

治療観の変遷

神田橋　ボクは昔、「精神療法というのは何だろう」と思ってね。こういうことを考えていたことがありました。精神療法家は、クライエント、患者を背負っている大人で、クライエントは子どもで、背負っている子どもの持っている精神的な世界を、どうしようかと二人で話し合っているわけだ。それは、目が見えない大人が子どもを背負って川を渡ろうと思って歩いているときと同じで、そして、その大人は背中の子どもに聞くわけだ。淀んでいるところは深くて、波が立っているところが浅い。川幅も、どっちが狭いかで渡りやすいところがあったり、渡りにくいところがあったりする。石があるとつまずく。そういうのを、その子どもが上から見ている。「そこは危なそう」とか「そこは良さそう」とか子どもが言ったところを歩きながら、浅瀬を向こう岸に連れていくのが治療者の役割だ、というふうに考えていたことがあります。三〇代の頃は、そう考えていました。

それから、四〇代の頃はね、治療者というのは、患者が溺れているのにこう手を貸してやるようなふりをするの。患者は、「助けが来た」と思って手を掴もうとする。すると、治療者はちょっと手を引いて摑まれないようにする。こうして、希望だけを持たせて、でも希望を叶えないで、だんだん岸まで持っていく。すると、事実としては患者は自分で深みを泳ぎ切ったということになって、これのほうがいいなと思った。そういうふうに自分の中で治療観というのを持っていました。

最近ちょっとまた変わりそうなんだけれども、この一〇年間ぐらいはね、患者が川を渡ろうとして、携帯電話で「今こんなふうになっていて、こっち側から風がこう吹いとるんですが」とか言うと、こっちは全然別なところにいて、「ああ、そうかね。そっちからは、その水のところはどうなっとるように見えるかね？」とか聞く。「それだったら、そこは危ないかもしれないな」とか「石を投げてごらん。ポチャンと音がするか、どんな音がするかで深さがわかるよ」とかいうようなことを、携帯電話で話しているようなのが治療者として一番いいかなと思っていました。

最近まではそう思っていましたが、エンカウンターということになってから、またちょっと違ってきた。まだそれにいい喩えが出てこないです。だいたいは出ているけれども、完成するまで話さない（笑）。それでいいですか？

B　はい、ありがとうございます。いただいた言葉をもうちょっと消化してみます。すごくありがたかったと思います。助かりました。

司会　ありがとうございます。

神田橋　ヘビはね、獲物を飲み込んで、消化できるところは消化して、消化できないところは吐き出すんだよ。やっぱり、そういうヘビみたいなのがいいよ。

警告の背後にあるもの

司会　まだお時間がございます。ほかにいらっしゃいませんでしょうか。

C　今の神田橋先生の治療観の変化ということを伺って、ちょっと思い出していることがあるんです。もう何十年も前ですが、神田橋先生の面接の体験みたいなものをさせていただいたことがあります。そのとき初っ端に、「僕の破壊力はものすごいから、これからあなたの中に劇的な変化か何かが起こることは、すべて僕の影響下のもとに起こっていることだから」ということをおっしゃって始まったんですね。

　確かに、まあいろんなことがありましたけれども、今でもそういう言葉を使ったりされるのかどうか、ちょっとお尋ねしたくなりました。

神田橋　警告をするのは、心配だったからですね。だから、心配な人には、その人向きに話しますね。薬を使うときに、「薬には必ず副作用がありますから、何か変なことがあったら、これは副作用だなと思って、こちらへ報告してください」ということを、やはり体が弱そうな人には言いますね。

　ボクの記憶にはないけれども、そういう言葉をボクが言ったとしたら、おそらくあなたの抱《かか》えているものの量がすごく多いので、そこをいじると、精一杯抱えているわけだから、手を入れることによって立っていられなくなったりすることがあるかなと思ったからそう言ったんでしょうね。
　ただ、僕の破壊力がものすごいというのは、その通り今も思っていますから、用心して、用心してやるけれども、やっぱりひどいですね。どうしてですかねぇ。

増井　そうですね。

神田橋　困ったものです。

C　今初めて、そういう優しい警告だったということがわかって、何かうれしくなって涙が出そうです。けれどもそのときは、「何か自信満々ですごく暗示をかける先生だな」と思ったし、今の今までそう思っていました。

神田橋　あ、そうですか。

C　この質問を思い切ってして良かったです。ありがとうございました。

神田橋　それは、良かったです。思い切るときに切られた思いというのは、必要なかった思いだったんだね。もう切り捨ててなくなっちゃったでしょう？

C　はい。

神田橋　つまり、恐怖心だよね。恐怖心を切り捨てて、「ああ、なんだ、優しいんだ」と。良かったです。

司会　ほかに、いかがでしょうか。

神田橋　昔はね、「鉈《なた》の西園*、カミソリの神田橋」と言われてな、西園先生にガツンとやられた。ボクの場合、あれは、誰か患者さんが考えついたのかね、「家に帰った頃に血が吹き出すので、切られたことがわかる」と。ああ、それは素晴らしい喩えだと思ったことがあったね。今はそんなことはないです。もうボケてきたからね。

＊　四四ページの注参照。

「エンカウンター」について

司会　いかがでしょうか。はい、どうぞ。

D　神田橋先生にお尋ねですけれども、今日のお話の中で、これまでの先生の治療とかがエンカウンターに繋がっているんだというお話がありました。それはどういうふうなことなのかお尋ねしようと思ったら、先ほど、先生のほうから「それはまだ発達途中だから教えない」と言われました。けれども、その「エンカウンター」という言葉を、今現在、先生ご自身がどういうふうな感じでおっしゃっているのか、先生にとってどういうふうな意味があるのか、ということだけでも教えていただければと思います。

神田橋　今、出版を準備している本の中に書いていますが、「エンカウンター」というのは、本質としては無意識下で起こっているもので、見ることも触ることもできないと思っています。われわれが意識の中でエンカウンターが起こったとして取り上げて指さしたりできるもの、それはエンカウンターの影であったり、まあ影と言うよりは、エンカウンターを促進するための一つの儀式みたいなものであろうと思います。

　例えば、ナイフとフォークで御飯を食べる習慣のある人たちが、お箸の使い方を覚えるとします。その二つは、異なった学習体系、学習習慣です。習慣というものは、ほとんど無意識の中で動いていくものですが、それが、こっちを使ったり、あっちを使ったりしているうちに、ナイフとフォークを使おうが、お箸を使おうが、大した差がないような「食べる動作」というものにまとまってきます。どうなるかと言うと、ナイフとお箸を使っている、あるいは、お箸は従来は突き刺したりしないものなんだけれども、突き刺す作業もさせたりと、自在に道具が使えるようになる。つまり、無意識界で――無意識界というのは、肉体や神経系ときれいに融合したものですから――二つの生活習慣のエンカウンターが起こって、一つのまとまった統合された食事習慣というものが完成した、というふうに考える。そういうものが、今僕が頭に描いているエンカウンターです。

二つの無意識界に学習された行動システムが融合して、より自在なものに変わっていくことを、ボクの中で「エンカウンター」と呼んでいるのです。

D　ありがとうございました。時間をかけて、考えていきたいと思います。

神田橋　ここまで到達するのに一〇年ぐらいかかったから、まあ時間をかけて考えてください。

面接後、患者さんの顔や名前を忘れてしまう

司会　ほかに、いかがでしょうか。

E　今日の話とはちょっとずれるのですが、先生方に質問をしたいことがあります。

患者さんとお会いしていて、患者さんがドアを出て帰られると、その患者さんの顔とか話した内容とかをよく忘れてしまうのですが、また次にお会いすると、「ああ、この人だ」というふうに思い出して話を聞くことができる。それがどういうことなのか、ちょっと質問をしたいなと思いました。

神田橋　何かありますか？

増井　うん。何か一所懸命話を聞いているときに、そういうことはときどきありますね。患者さんの話に没頭して話を聞いているときにね。

それと、僕個人としては、患者さんの帰る足どりとか、帰るときの雰囲気、後ろ姿、それを見て、その回の面接の質の善し悪しを決めるように、極力努力はしています。だから、一所懸命話を聞いているから忘れるんではないですかね？　そうでもないですか？

E　はい、それならいいなというふうに思います。

増井　僕の場合は、終わったら、だいたいは全部きれいに白墨が消えるようにサーッと消えてしまう。あとは、帰る姿とその足どりを見て、また次の面接に入りますけどね。僕は神田橋先生はどんなふうなのか、お聞きしたいのですが。

神田橋　今のお話が、その通りだと思いますし、フロアの質問の人に一言で答えると、「それは、あなたが達人だからです」ということです。達人というものは、増井先生が言うように、そこに全部投入していますから。関係の中に精神活動がありますから、関係が消えたときに全部消えるわけですね。しかし、何があるかと言ったら、余韻だけが残るんですね。

増井　そうそう、うん。

神田橋　余韻だけが残って、そして、余韻というものは時間とともに消えていきます。だけど、言語化されたりして、その関係から切り離されたものは長く持続するんです。どうしてかと言うと、考えというものは長く続かせるためにつくられたものですから、余韻だけが残ればいいんです。剣の達人は、それを「残心」というんですかな。それまでチャンバラで相手を斬ったりしていたのとはまったく違う、「雰囲気」みたいなものだけが残るんです。これが残らないと、ひょっとしてまだ相手が死んでいなくて、足をパッと払ってきたりするといけませんので。こうした少しの間残る雰囲気のようなものを「残心」と言うんだと思います。

そのような雰囲気だけは残るでしょうが、個々の話の内容は残らないほうが「達人」と言える。それがちょっとできれば「達人」だし、たまにできたら、「ああ、いい面接ができた」「いい面接だった」ということになります。

ウナギを食べに行って、「ああ、うまいウナギだった」と思うのはいいんですけれども、「あのタレはどんなふうにして工夫したんだろうか」とか、「このウナギは何年物かな」とかいうときは、それほどおいしいウナギを食ったわけではないんです。そういうことです。

E　ありがとうございます。お話を聞けて良かったです。

面接の様子を映像で残すこと

司会　どうもありがとうございました。あ、どうぞ。

村山*　ちょっとお願いがあるのですが。今日、お二人の対談を聞かせていただきまして、なかなか消化できなくて、うまく言語化できるかどうかわからないんですけれども。

増井先生が、セラピーで自分が一番コミットしているときの状態とかのお話をされました。それから、神田橋先生の治療観の変遷とか、昔、僕のクライエントを先生に診ていただいたときのことを思い出します。また、「カミソリの神田橋、鉈の西園」とかも、思い出しました（笑）。

僕は、やっぱりカール・ロジャースの影響をたくさん受けたものですから、一つお願いがあるんです。これだけ素晴らしい対話ができるし、お二人とも素晴らしいセラピー

＊　村山正治。本書の対談者の一人。

の体験をなさっていらっしゃる。僕の学生のかなり多くが神田橋先生にスーパーヴィジョンを受けていて、僕は大変助けてもらっています。ですから、神田橋先生も増井先生も、ご自分のやっているセラピーの場面を、例えば、映像に残すとか、そういうことをお考えになったことはないのでしょうか？

僕は、カール・ロジャースのビデオが非常に役に立っているような気がするんです。つまり、映像になることで、僕らが何回もそれを見られるし、それから、全体を、つまりノンバーバルなレベルからすべてが見られる。そういうふうに思うので、ぜひ、お二人にそういうものを残していただきたいなという気持ちがずっとあるんですけれども、それについてはいかがお考えでしょうか？

神田橋　うーん。自分のことではなくて、昔そういうことは考えたことがあって、それについて『精神科診断面接のコツ』にちょっと書いています、桜井（図南男）*先生の面接を映像として残さなかったことは、もったいないようでもあるけれども良かった、と。

村山　ああ、良かった、そうですか。

神田橋　はい。現在のどんな素晴らしい方法で撮っても残せないものがあってね。つまり、今日ここに来てくださっている人とは、時間と空間を共有しています。これをドキュメンタリー映画に撮っても、そこから抜け落ちるものがあって、それこそが最も素晴らしいものであろうと思うんです。だから、映像をつくることは、何が抜け落ちたかということを確かめる上で役に立つという、ウィトゲンシュタイン（Wittgenstein,L.）みたいな話*ですが。

ただ、ボクは、花クリニックでの公開スーパーヴィジョンを三七、八年ぐらいやっています。

＊ 桜井図南男《となお》（一九〇七〜一九八八）。九州大学医学部第四代教授。

＊ ウィトゲンシュタインが『論理哲学論考』の中で述べている「語りえぬものについては人は沈黙しなければならない」を指していると思われる。

村山　はい。そうですね。

神田橋　それは全部映像化されています。膨大な量の映像があるんですが、ボクはスーパーヴィジョンと治療との間にほとんど差がありませんので、その映像がいつか使われる日が来るかもしれません。けれども、今のところ、花クリニックの倉庫にあります（笑）。最初のものは、オープンリールです。

村山　そうですか。

神田橋　膨大な量になっていたので、それを全部一六ミリフィルムか何かにしたんですけれども、そのうちにまたブルーレイか何かにすれば、もっとコンパクトになると思います。今は、大変な荷物の量になっているようです。

村山　ありがとうございました。映像化に関しては、増井先生はいかがですか？

増井　それより、村山先生が来られてるんなら、もうちょっと締めて話したほうが良かったなあと、今、後悔しています（笑）。

神田橋　（笑）。

増井　先生が来られてるとは全然知らなかったものでね。僕は、今日は腰が痛くてボーッとしていて頭が働かないから、神田橋先生の頭を半分以上借りてお話ししているという状態です。

　映像のことですが、僕は邪魔くさがりでね、そういうふうにしようかなと思ってビデオか何かを買い込んだんだけど、場面が変わっていたり、何かかんかして、映像は何か恥ずかしいと言うか、映像にまでしようとするモチベーションがいまいち低いと言うのかな。それと、神田橋先生が言われたように、場の共有と言うか、今生きた関係が僕とみんなにあるじゃないですか。それはもうここだけのもので、ほんとにここだけのもので、終わったらもう泡のように流れていくものですよ。だから、映像もそこら辺まで撮れる映像があればいいけれど。そういう意味では、神田橋先生の意見にちょっと近いですかねぇ。映像を見ていたら、嘘っぽく感じられないかなあと思います。

村山　そうかもしれないですね。

増井　『グロリアと三人のセラピスト』*、あれは迫力がありますもんね。だから、あんな映像をつくろうとすると、患者さんといつも喧嘩していることとか、それを……（笑）。

村山　はい。ありがとうございました。神田橋先生は、公開スーパーヴィジョンとかがすでにありますので。僕はせっかく二人の名人がおられるんだから、やはりいろんな場面を残しておくのがいいなと今でも思っているので、先生方のプロモーターになろうかなと思っていますけれども。

まあ、公開スーパーヴィジョンの映像があるのであれば、それをぜひツールにして……というのは、臨床心理士の訓練には映像は非常に有効だなと思っているものですから、ちょっとお尋ねしました。ありがとうございました。

神田橋　パデル先生がレクチャーをされるときがあって、ボクはそれを全部カセットテープに録《と》っていたんですね。そうしたら、パデル先生は本なんか全然出していないんだけれども、誰かが先生のレクチャーを全部本にしたらどうか、要旨・要点だけでも本にしたらどうかと勧めてくれたらしくて、「それには、君が録っているテープを聞いたらいいのかもしれないから、貸してくれませんか」とか言われて、「どうぞ、どうぞ」と貸してあげたら、次の週に行ったときに、「自分の話を聞くぐらい不愉快なことはないので、もう本を出すのはやめた」とか言って全部返された（笑）。なんだか素敵だなと思ったです。

＊ 心理療法の創始者として知られる三人、カール・ロジャース（来談者中心療法）、フリッツ・パールズ（ゲシュタルト療法）、アルバート・エリス（論理療法）が、実際のクライエントであるグローリアにカウンセリングを行う様子を撮影した録画ビデオ。

結局、先生の論文はほとんどないんですよね。ケース・レポートも一例もされたことがなくて、「なぜ先生はケース・レポートをしないんですか?」と言ったら、「ああ、お客さんが減るといけないから」とか何かそんなことを言われていました（笑）。「秘密が守られるらしいということでわれわれの商売が成り立っておるから」とか、まあ冗談のような感じでおっしゃってね。

司会　話が尽きませんけれども、お時間でございますので、これにて午前中の対談を終わらせていただきたいと思います。

お疲れのところ、どうもありがとうございました。みなさま、拍手をお願いします。

舞台裏のこと……………………素描

この対談の当日、わたしは神田橋先生の案内係を仰せつかっていた。控室へのドアを開けようとしたとき、神田橋先生と私の間に割って入るように、背をかがめた男性がいきなり転がり込んできた。暴漢？　とわたしは一瞬身構えた。「増井君？」「増井先生？」、声を上げたのは神田橋先生とわたし、ほぼ同時だったと思う。すぐに気づいたスタッフ数名が駆け寄り、増井先生を抱きかかえて、奥のソファに案内してくれた。倒れこむように座った増井先生の顔面は蒼白、額には汗が浮かんでいた。

混乱の中で、切れ切れに増井先生からお聞きできたのは、前日に足首を捻挫して、その影響でひどい腰痛が生じているとのことだった。どう見ても、その日の午前に予定されている神田橋先生との対談と、午後の事例検討二ケースが可能だとは思えなかった。事例検討では、神田橋先生と増井先生がスーパーヴァイザーと、そのスーパーヴィジョンを見てコメントする役割とを交互に務められることになっていた。

増井先生の体調の悪さは尋常ではない様子だった。ネクタイを結ぼうとしても、手がうまく動かないらしく、何度もやり直しておられる。見かねて、神田橋先生が「ボクはネクタイをせんがね」と声をかけられた。増井先生はふと正気に戻られたという感じで、「あ、そうか」とネクタイをポケットに突っ込まれた。

その様子を見ながら、スタッフは密かに救急車の手配も検討した。だが神田橋先生と話すうちに顔色も落ち着いてこられたので、代わりに車椅子が用意された。

開会の時間となり、通常なら、司会者の紹介を受けて、お二人の先生が歩いて席に着くところだが、急遽、カーテンが閉められて、スタッフが車椅子ごと増井先生を担ぎ上げ、椅子に座っていただいてから、カーテンが開けられた。

対談での様子はお読みいただいたとおりである。

スタッフのなかには、午後のスーパーヴィジョンを心配する声が少なからずあった。

だが神田橋先生も増井先生も案じられる様子はなく、午後の部の開始の際に、増井先生はご自分の足で歩いて、ステージに上られた。スーパーヴィジョンの途中で「ちょっと」と立ち上がり、トイレに行くことさえあった。ピンマイクをつけたままだったので、スタッフが慌てて対応することになったが。

終了後の福岡県臨床心理士会の一般社団法人化の祝賀会で、増井先生は神田橋先生の横で立ったまま、長い時間、うれしそうに話をしておられた。増井先生の背筋は、朝とは打って変わって、ピンと伸びていた。念のためにと椅子をお勧めしてみたが、断られた。

ふと気づくと、増井先生は余興で行われたマグロ解体ショーの長い行列に並んでおられた。「神田橋先生にトロを食べてほしいんよ」とのことだった。

ちなみに増井先生のソフトな語り口は北九州弁である。北九州弁は男ことばと女ことばに差がない。北九州の街には、増井先生から知性と志とを抜き去ったような男たちが大勢、一見コワモテの下に優しく、ちょっと頼りない心を隠して歩いている。

後日、神田橋先生に確認したら、矢張りその日一日、増井先生に気の整体をしておられたとのことだった。その治癒の機制はわたしの理解を超える。だが、増井先生が数時間でみるみる元気を回復される姿を、大勢の人が目撃した。

神田橋條治の治療力、恐るべしである。

（かしまえりこ）

日本心理臨床学会
第三四回春季大会
二〇一五年五月三〇日
於：海峡メッセ下関

村山正治×神田橋條治

心理臨床家をどう育てるか

嘉嶋　司会を務めさせていただきます、嘉嶋でございます。

二年前の二〇一三年八月「心理臨床学会第32回大会」の控室で、村山先生から呼び止められまして、「鶴先生から言われて、二年後の春の大会を東亜大学で引き受けることになったんだよ。そこで、神田橋先生にぜひご登壇いただきたいと思っている。ついては、内容は講演でも、インタビューでも、質問に答えるものでも、すべて神田橋先生にお任せするので、先生にお願いしてほしい」とご依頼を受けました。

私は、早速その日のうちに神田橋先生にメールを送りました。そうしましたら、すぐに「元気でいたら引き受けます」とお返事がありました。人生のベテランは、お言葉の一つひとつが深いと感激いたしますが、「元気でいたら引き受けます。ボクは村山先生と対談したい」というメールでございました。神田橋先生の場合、「ボク」は必ず片仮名なんですね。若い頃の論文を拝見しますと、「わたくし」は平仮名です。何か先生の思いがおありになるのかなと思います。

それで、今日、このような機会を持つことができました。それから一年八か月余り、私はとにかくひたすら無事にこの日を迎えられることを念じ続けてまいりました。

司会の役割としては、ここでお二人の先生の略歴をご紹介しないといけないと思うんですけれども、みなさま、もうお二人のことはよくご存じでいらっしゃると思いますので、省略させていただきます。

では、條治《じょうじ》先生と正治《しょうじ》先生の対談でございます。

二人の出会い

神田橋　ボクは今まで「まさはる」先生だとばかり思っていました。

村山　「しょうじ」です（笑）。

神田橋　そうなんだ。この本を、*先生からほんの数日前にいただいたの。これ、いいよ。何がいいと言って、全部村山ゼミの方々が書いておられるんだけど、全然統一が取れていなくて（笑）、勝手なことが書いてある。これが、村山先生の後進を育てるときの「哲学」と言うか、村山流「憲法」に則ってこういうものが出来た。もちろん、ゼミにはもっと古い人たちもいるけれど、これは比較的若い方たちが書いているんですね。

村山　はい、そうです。

神田橋　若い方々がみんな勝手なことを書いていて、それが一つずつすべて完成されていて、言わば鉱脈が掘り当てられて、そこからその人の体験が深まって出来たものです。とても感激します。この類いのものの多くは、「ああ、あの先生の周りの、あの立派な人たちの書いたもの」というふうになりがちだけど、これは「てんでんばらばら一派」ですなぁ。村山先生はロジャリアンで、エンカウンター・グループを中心にやっておられるけれども、それをやっている人はほんの一握りだよね。

村山　そうですね。

神田橋　精神分析をやっている人もいれば、行動療法をやっている人、ソーシャルワーカーからもう何でもありです。これが素晴らしいです。

ボクがこの対談を引き受けたのは、わけがあるんだ。ネタをばらしてしまうとね、こ

＊『心理臨床の学び方』創元社、二〇一五

の二、三年、特に最近、心理療法の根幹は何かと考えたとき、それは「出会い」だと思うようになったの。だから、「出会い」のことを先生と話したいなと思ってね。

村山　なるほど、はい。

神田橋　この本にね、ボクが聞こうと思っていたことが、もうすでに書かれているんです。先生がね、「どんなふうにして心理臨床に出会ったか」について、「哲学から」と書いておられる。「哲学」、しかも「自己を見つめる哲学」。

村山　そうですね。

神田橋　ねぇ、初め哲学を勉強しようと思って京都大学に入られたの？

村山　ええ、ええ、そうです。はい。

神田橋　だけど、哲学というのはなんだかとらえどころがなくて、だんだん心理臨床、カウンセリングの世界に入っていかれるんですね？

村山　はい。

神田橋　その（出会う）前を聞こうと思って。どうして哲学のところに行って、心理臨床に出会っちゃったのか。

村山　ちょっとその前に……。

神田橋　何か他の話？

村山　はい。神田橋先生と僕との関係なんですけれども、九州大学の教養部*にいたときにはキャンパス・カウンセラーでしたから、学生相談室のクライエントを学医であった先生とご一緒に仕事をして、それからのお付き合いですかね。

神田橋　あれ？　そうかなあ？

村山　違いますか？

＊　一九六〇年代後半に、専門科目以外の基本的な素養・知識を身につけさせるために、大学によっては教養部が設置された。ここで必要単位をとれば、専門科目を学ぶための「学部」に進むことができた。後に基準が改正され、この組織は廃止された。

神田橋　池《いけ》見《み》酉《ゆう》次《じ》郎《ろう》先生が、あの頃、九州大学では珍しい心理療法のケース・セミナー、ケース・カンファレンスみたいなのを定期的に開いておられました。それにボクが行って、そこでボクは先生と初めて会ったと思っているんだけどな。

村山　はい、初めてお会いしたのはそうですね。

神田橋　ね。そのとき先生は、まだ京都大学から来られて間もなくだった。

村山　そうです。九州大学に来たばっかり、もうほやほやの助教授で、いろいろ困っていましたので、助けてもらいました。

神田橋　何回あそこでお会いしたのかはわからないけれど、たくさんではないです。三回ぐらいかな。

村山　はい、たくさんではなかったです。

神田橋　その中のいずれかで、ボクが精神的な意味で先生に「出会った」と思ったことがありました。あの頃、ボクはもう精神分析のピカピカだった。後弓反張*を起こす若い女性の患者さんがいましてね、その人の治療をしていたんです。自由連想で治療していたのかな。まあともかく告白させる治療をしていた。それでもしょっちゅう後弓反張が起こる。

あるときその女性が、自分が柱か何かに括りつけられて、性的に犯される夢を見るんです。夢を見て、そして、ああ、自分は長く記憶から排除していたけれど、これは、ときどき見ていた夢だったということに気づいたんです。長いこと見なかったけれども、そのことで、後弓反張の発作はきれいに起こらなくなった。そういうファンタジーがどういう欲求によって出てきたかということは問題にしないままで、それが出てきた途端に良くなっちゃったんです。

* 全身性強直性けいれんで、頸部と背部を反り返らせ、全身が後方弓形にそりかえる状態。

そのケースをボクがセミナーで出したんですよ。その帰り際に、先生が「ロジャリアンの理論では、この現象をどう説明したらいいのかなぁ」と言われたんですよ。

村山　覚えていないですね（笑）。

神田橋　ボクは、自分の依拠している理論から情緒的距離を保つということの重要性について考え始めていた頃だったので、そのとき、先生の言葉とミートしたんだよね。
その頃、精神分析には信者みたいな人が多いなと思っていた。ボクも昔は信者みたいだったんです。それは、まだ医者になる前で、マニアみたいなものです。マニアみたいになったから、精神科医になって精神療法をやろうと思っていた。そうしてやっているうちに、何か信者として精神分析をすることに違和感みたいなものを感じ始めていた。ちょうどそんなときだったから、「あっ」と思ってね。それが先生との出会いだったと思います。

村山　そうかな。

神田橋　ボクは、それをいまだにずっと繰り返し思い出すの。

村山　今こういうことをお話ししていて僕が思い出すのは、いろんなところにも書いているんですが、やっぱり人との出会いということが、僕の人生の一つのテーマなんですね。先生との出会いは、実は、僕にとっては非常に大きな意味があるのです。今お話しいただいたときより後にも、いろんなことがありました。

神田橋　そうですね。

村山　もっと正確に言うと、その後、神田橋先生は、実は僕の大学院の学生のかなりの人のスーパーヴァイザーなんですね。

神田橋　そうよね。

村山　僕は個人的にスーパーヴィジョンはもうやらないので、ほとんど神田橋先生が助けてくれました。

それから、もう一つ。今日控室で先生に会ったんだけれども、何かこう急に先生からオーラが出てきてね、落ち着くんですよね。それで思ったのは、実は神田橋先生は、何と言ったらいいのかなあ、僕の先生でもあるし先達というのももちろんあるんですが、実はお医者さんでもあるんですね。

僕は先生の診察を受けたことはないですけれど、先生は僕がどうも脳梗塞の気《け》があるのではないかということを心配されて、院生を通じてある薬を勧めてくださったんです。

神田橋　はいはい。

村山　それを僕は今でも飲んでいます。

神田橋　ああ、どうもありがとうございます（笑）。

村山　そういう、お医者さんでもある。本を通じてのこともありますけれども、実は、先生とはそんなに会っていないんですよね？

神田橋　うん。

村山　一昨年《おととし》か、成瀬先生との対談*があったと、ちょっとお話ししてくれて。例えば、僕の本を紹介する書評*を書いてくださったり、何と言ったらいいかな、僕にとってはとても大事な理解者というのかな。

神田橋　あの書評はさ、先生に突っ込みを入れているんだから。

村山　突っ込みねぇ。

神田橋　（突っ込みの）返事を今日聞かせてね。

村山　まあまあ、あの辺はわけがわからないから、しょうがないなということで（笑）。

＊　本書に収録した成瀬悟策×神田橋條治対談のこと。

＊　『こころの科学』一八一号、二〇一五年。

神田橋　いや、あれは返事を聞かせてくれないと。

村山　まず、あの書評でPCAの本質を的確に理解され、高く評価してくださっていることに感謝します。

神田橋　（会場に向かって）『こころの科学』の書評を読んでくれた人はいる？　ボクは依頼されて書評を書くのは、まあ皆無と言っていいよね。自分が「うわっ、この本をみんなに読んでほしい」と思うものを「書くよ」と言って出すの。

村山　あれを読むと、もちろん先生と違うところはたくさんありますが、心理療法の将来とか、それから発達障害のこととか、かなり先生と共通のものがある。僕も実は自分が発達障害かもしれないと思っているんです、後で話しますけどね。

神田橋　ちょっと違いますかね（笑）。

村山　つまり、人間はみんな発達障害ではないか、と。

神田橋　それはそうですよね、うん。いやあ、そうですよ。

村山　人と違っていいんだという、そういう意味のことが書いてあったり、ある部分、ボクの目指している方向と非常に共通点が多いと感じます。

神田橋　そうですよね。ボクは、こんな感じですね。先生が目指していたところは、結構揺らいでいないのよね。ボクのほうは、こうこう、こうこうして、気がついたら先生のところに近づいている。特にこの一〇年ぐらいはね。

村山　まあまあそう言っていただくと何か嬉しいのですが、とにかく先生は、何か僕のとっても力になる存在なんですね。

「ゆっくり探せばいい」

村山　先ほどの話に戻りますけれども、先生が振ってくださったように、僕は哲学をやろうと思って大学へ入った。そもそもどうして哲学をやろうと思ったのか。たぶん高校のときに、今で言うノイローゼだったのでしょうね。

神田橋　ああ、そうか。

村山　つまり、哲学の流れとかを知ることで、生き方とか何かそんなのが全部わかると思っていたんですね。ところが大学へ入って、哲学は全然僕にはわからないということがわかって、まあ困ったです。

そのときに、今でも覚えているのですけれども、大学にはあまり出なかったのに、上《うえ》山春平《やましゅんぺい》*という京都大学の人文科学研究所の所長をやったり、空海の研究をやったりした有名な人ですが、その人と僕は親しくなってね、彼は、僕が悩んでいるというのがわかったんでしょうね。ドイツ語ができないということも。ドイツ語は、僕が哲学のほうに行かなくなった理由の一つです。そうしたら、上山さんは「村山君なあ、まあドイツ語ができなくても、哲学の本は今いい英語の翻訳があるから」と言ってくれた。そうして、困っている僕に「瓜生山《うりゅうやま》*というところに自分の友達で幼稚園の園長がいる。そこに空き家があるから、行きたいんなら行ったらいいよ」と斡旋してくれたんです。学科とか全然違う人なのに。やっぱり、人との出会いが大きいんですよ。

それから、もう一つだけいいですか？

神田橋　はい、どうぞ。

村山　僕は、大学院では哲学はできないなと思い、何をやるか迷っていろいろ探しました。でも、なかなかわからない。当時、京都大学では卒論はテーマでもって決めた。僕はロ

＊　上山春平（一九二一～二〇一二）。生きることの意味を問い直す深層文化論を提唱した哲学者。著書に、『深層文化論序説』『大東亜戦争の意味』など。

＊　京都市北区北白川にある山。

ジャース*の哲学と、ビンスワンガー*とか、わけのわからないテーマを書いて出したんです。

神田橋　ああ、はい。

村山　当時の卒論試問は個人発表なんですね。哲学の先生が四人ずらっと並んでいる前で試問を受けるんです。僕のひどいドイツ語では、まあ落とされたと思っていたのですが、そのうちの一人の先生が「ロジャースか、いい人を見つけたね」と言われた。

神田橋　へぇー。

村山　僕のドイツ語は駄目だということを一切言わなかったです。それで、「君なあ、もうちょっとゆっくりやるといいね」と。あれで救われましたね。

神田橋　ああ、それはいいことです。今はさあ、四人審査員がいたりしたら、これは袋叩き、いじめの構図だよ。ねぇ（笑）。

村山　そうですよね。今だったら、もうけちょんけちょんで、「ここのこの点は、なんでこうなんだ」とかやられる。

神田橋　昔の人は、寄ってたかって育ててやろうって、ね。みなさん、論文審査をする人たち、心して聞きなさい（笑）。

村山　人間って志が大事なんだけれども、僕は探してもなかなかわからなかった。そういうときに「もうちょっとゆっくりやっていいよ」「ゆっくり探せばいい」と言ってもらえたのは、有り難かったですね。

今教師になってみてわかったのは、大学院の学生の頃って、だいたいみんなそういうことにぶつかっている。自分の志は何だ、将来どういうふうにやっていこうとしているのか、どういう方向で自分は考えているのか、ということに思い悩む。そういう時期に

＊　カール・R・ロジャース（Carl R. Rogers, 1902-11987）。アメリカの臨床心理学者。来談者中心療法の創設者。フロイトのように人間を原罪を持つ存在としてではなく、成長の可能性と力を持つ存在としてポジティブにとらえた。

＊　ルートヴィヒ・ビンスワンガー（Ludwig Binswanger, 1881-1966）。スイスの精神病理学者。精神病理学における現存在分析の方法を確立した。

当たっていますよね。

僕はものすごくそれで迷ったし、結局、自分がこうだという方向を決めるまで待ってくれた、それが今、生きていますね。結果として、僕は哲学へは行かなかったんです。でも、それを僕が自分で決めるまでちゃんと待ってくれた。これは、やっぱり若い人のこれからの方向を考えていくというときに、とっても大事なことだと思いますね。

神田橋　それはすごいね。ボクは、中井（久夫）先生から『早く伸びろ』と言って引っぱると、芽が枯れるよ」と言われたのね。あれは痛かった。ボクはすぐ引っぱるの。

村山　（笑）。

神田橋　せっかちだから。そんなふうなときに、待ってやるんだねぇ。

村山　だけれども、引っぱっても、例えばさっきの僕への神田橋先生の薬みたいに、先生にはやっぱり、一種の見守ってくれているという有り難さはすごくありますよ。

神田橋　そう？

村山　今の例も、やっぱり僕を見守ってくれている、と。

神田橋　そうですね。

村山　自分が悩んで方向がわからないときに、いちばん有り難いですね。

自分の人生に納得することが大事

神田橋　ちょっと突っ込みを入れると、その空海の研究をしておられる先生のところまで行ったのに、宗教のほうとは出会えなかったわけですね。

村山　その先生は、空海の「く」の字も言わなかったですから、はい。

神田橋　言わないだろうけれども、何かこうオーラとかが出ていてさ、それで、というのは？

村山　いや、それはなかったです。人文科学研究所で、ある研究をやるというので、その研究仲間として入れてくれただけなんです。だけど、まあ僕がちょっと自分の悩みなんかを話すから、それで、いろいろ心配してくれたんだろうと思います。

神田橋　でもそれ以後も、先生はあんまり宗教には近づいていないな。鉱脈がないんだな。

村山　僕は、あんまり宗教には行かなかったですね。

神田橋　そうね。

村山　はい。ついでにもう一つだけ。

僕がなんで今みたいに、それぞれ自分の思うことが大事だとか、それから、それが熟すのに時間がいるとか、そういう考えになったのかという基の一つは、今言ったようなことがあります。

もう一つは、卒論の口頭試問のときに、「村山君、ロジャースやビンスワンガーなどいい人を見つけたな」「まあもっとゆっくりやれよ」と言ってくれたその先生*ですが、偉い先生だったから東京のどこかの大学*の学長に推挙されて、そのパーティーがあったんですよ。そのとき、やっぱりすごいことを言ってくれたんですよね。

僕から見たらもう大先生ですし、本はすごいし、講義は、僕はよくわからなかったんだけれども、聴いただけですごいことがわかる。その先生が、最後に、「僕はこれまで人にちょっと囃《はや》されてきたような生き方だった」と言われた。六五、六歳の大先生がそんなことを言うんです。

神田橋　ちょっと独白みたいなのをしたんですね。

＊　高坂正顕《こうさかまさあき》先生のこと。京都学派を代表する哲学者。京都大学教授。

＊　東京学芸大学。

村山　みなさんとの飲み会のときにそれを言って、僕はもう大ショックでした。

そのことで僕が学んだのは、人生は学問とか業績じゃないんだなということです。納得、自分の人生に納得することがいちばん大事なんだと、その先生から教わった気が僕はしています。それを言ってくれた先生は、やっぱりすごいなと思いました。

ストンと落ちて、そして落ち着く

神田橋　それは、きっと「時節」ですよね。その言葉を聞く「時節」が、先生のそのときにあったからですよね。たいていの人は、そんなことにピンと来ないかもしれない。ぼうーっとしている。

村山　神田橋先生の薬もそうですけれども、やっぱり僕はその先生を尊敬していたんですよ。だから、もっとすごい、いい人生を送っておられる、というふうに思い込んでいた。だけども、あんなにすごい人が、実はそんな思いをしている。しかも、それを言ってくれる。これは大事なことだなと思って。

神田橋　うーん、そうですね。

村山　やっぱり自分の納得いく人生が大事なんだと。そして、それには時間がかかるかもしれない。そういうことを学生諸君にも伝えたいし、自分でそこを何とか大事にしながら動いていける場をきちんとつくるということが、たぶん僕にとっては一つ重要なこととしてありました。

神田橋　納得できる哲学じゃないんだな。哲学ではなくて、納得できる体験だ。

村山　そうそう、哲学ではなかったのね。納得できる気持ちだった。要するに、哲学ではない。

神田橋　あの年齢で哲学を志すのは、やっぱり納得を求めてだものね。ボクもちょっとはそんな気がしたことがあったけど。

村山　やっぱり自分の気持ちというのが、何と言っても大事だというふうに思いました。

神田橋　ストンと落ちるようになるんだね。

村山　落ちました。それからずいぶん変わりました。とにかく自分にとって大事なことを一所懸命やると、すぐに結果は出なくても、まあそれはしょうがないから、しばらくそれにこだわってみる、というふうに（笑）。

神田橋　ストンと落ちるというの、ボクは好きなんだ。どうしてかと言うと、揺るぎなくなるでしょう？　だから、落ち着くんです。ストンと落ちてね。なんだか揺らいでも引っくり返らないようになるから。起き上がり小法師《こぼし》の下の重りみたいなものが出来て、こう揺れて…、落ち着くと揺れることもできるようになるしさ。

村山　そうですね。何か、自分に対する力、自分を頼っていっても大丈夫だといった感じになりますよ。

神田橋　そうですよね。ええ、そうです。「力強い」という感じとは違うわけですよね。

村山　「力強い」ではない。ちょっと違う。やっぱり自分を大事にすると、うわーっとなるのではなくて、静かな、まあ大袈裟に言うと、自分に対する「信頼感」と言うか、「これで行っても大丈夫だよ」という感じになる。

ロジャースとの出会い

神田橋　そうですね。それで、もう一つ続けて聞きたいのは、やっぱり何と言ったってロジャースとの出会いですよ。

村山　ああ、ロジャース、はい。

神田橋　その哲学のときに、もうすでにロジャースは登場していた？

村山　そうですね。京都大学には、当時、ロジャースを日本に最初に紹介した先生*なんかもいたりして、まあ僕もその仲間に入れてもらったりしていた。僕がロジャースのところに行った理由は、一九六一年に、ロジャースを初めて日本に呼んだときのことがきっかけになっています。

神田橋　ああ、そうなんですか。

村山　僕が大学院の学生の頃です。

神田橋　日本においでになったのは、それが最初ですか？

村山　ええ。僕がたまたま大阪に連れていく係になって、それが接触をする機会になりました。

神田橋　ああ、それこそが出会いだわ。

村山　そのときに、京都市内のホテルに泊まったんですけれども、ロジャースに電話したんですよね。僕は係だし、大阪に連れていかなきゃならないから。今でも何をしゃべったか覚えていないんですが、英語で何かわけのわからないことを言ったんだと思います。けれども、何とかなったんです。後で「あの英語で何とか聞き取れる人って、実はすごいセラピストなんだな」と思った（笑）。

神田橋　ねぇ（笑）。

村山　非常にノンバーバルなレベルのこちらのフィーリングと言うか、それをキャッチで

＊　正木正《まさきまさし》先生のこと。京都大学教育学部教授。教育心理学者。

きるというのは……。

神田橋　しかも電話でしょう？

村山　電話。電話ですからね、ちょっと驚きでした。

神田橋　言語の中のノンバーバルだな。音声だな。

村山　そうですよね。だから、ファイブとか、シックスとか、そんなことを言っている程度のことだと思いますよ。

自分に厳しく、準備を怠らない人

神田橋　ちょっとそこに、ボクの経験を重ねます。ボクは、ロンドンでパデル先生*のスーパーヴィジョンを受けていました。先生はボクがしゃべっていると、こうして聞いていてね。奥さんは、ボクの英語がわからないのよね。それで、パデル先生が「今、條治はこういうことを言ったんだ」と言って、通訳してくれるんだよ（笑）。ボクの英語は、パデル先生しか聞き取れない。奥さんは横にいて聞いていても、まあスーパーヴィジョンのときは対面だけれども、普通の会話のときは、ボクの言うことが奥さんにはわからない。それを先生が全部通訳してくれて。通訳してもらうと、その通訳が正しいかどうかはボクは聞いていてわかるから、「ああ、正確に通訳してもらった」と（笑）。あれは面白いなぁ。

村山　ロジャースは確かに、リスニングは抜群に優れた人でしたね。

神田橋　そして、その後に案内なさっただけですか？　ロジャースさんを連れて、どこへ行きました？

＊　四一ページの脚注参照。

村山　ロジャースさんは大阪で講演をやる、僕はそのための案内役だったんです。それで、大阪に連れて行きました。講演の前って、落ち着かない人でしたね。

神田橋　ええ、そう？　ああ、うれしいな（笑）。

村山　ペーパーをこんなふうに持ったりして、先生と全然違うんですよ。例えば、河合先生なんかは講演の名人でしたよね。原稿を持ったのを一切見たことがないです。ロジャースは必ず原稿を見るんですよ。原稿を持って講演するタイプです。

飯を食っていても、どうも体がひとりでに動く。原稿をちょっとこういじりだしたりして、という感じでした。

神田橋　何歳ぐらいだったの？

村山　ロジャース？

神田橋　はい。

村山　彼は一九〇二年生まれですから、一九六一年に来たときは五九歳。

神田橋　もうある程度の年齢なんですね。

村山　性格的には、どちらかと言うと気の小さいほうで、そして、結構自分に厳しい。彼自身は、エンカウンター・グループをやるようになってから、自分はだいぶ柔らかくなった、みたいなことを言っていましたけどね。割合きちっとしていて、学会で、彼がノー原稿で講演したのは見たことがないです。必ず原稿は前の日に準備していた。二日前になると秘書さんのところに行ってました。彼は自分で原稿を打ったことがない人ですから。

神田橋　あぁ、ほぉー。

村山　全部人を通じて。そういう点は、きっちりしています。それが、セラピーになると、抜群に柔らかくなるのは何でなんでしょうね？

神田橋　何ですかねぇ。ボクは、原稿を使ったことはないですね。

村山　ええ。いやあ、もうそれはねぇ。

神田橋　原稿を書いたときの自分は古いんですよね。原稿を使うと、何か古い自分に現在の自分が支配されているようで嫌になっちゃうんですね。スライドを作っても、スライドを作ったときの自分は、もう何日か前でしょう？　それに縛られて話すのは嫌ですね。

村山　それは、ずっとそうだったのですか？

神田橋　うん。

村山　昔、神田橋先生のクライエントと言うか、僕のクライエントだった人から聞いたんですが、精神科の先生の中で、先生は「カミソリの神田橋」と言われていたんですよね？

神田橋　うん。そして「鉈《なた》の西園」*（笑）。

村山　「鉈の西園先生」（笑）。だから、そういうイメージからすると、何でもカチッとやる先生に見えていましたよね。でも、今の話を聞くと、昔からそうなんですね。

神田橋　そうですね。昔からね、その瞬間に生きているという感じが、小っちゃいときからありましたね。やっぱり体が弱くて、いつ死ぬかわからんというような強迫観念があったからですかね。

村山　なるほど。うんうん、本に書かれていますね。頭が良くて、体が弱くて、一目置かれるスターだった。

＊　四四ページの注参照。

自分で見て、体験して考えろ

神田橋　それで、先生の話だけれども、ロジャースさんとは、そのとき何の話をしたんですか？

村山　はあ、もうあんまり覚えていないです（笑）。ただ、ロジャースから学んだことに関して言えば、いろいろありましたが……。一つこれは驚きでしたけれど、僕が研究所に留学して、家族で行ったときに……。

神田橋　何年頃ですか？

村山　一九七二年、七三年です。

神田橋　ああ、ボクと、一〇年ぐらいしか違わないですね。

村山　講演のときは、ほとんどロジャース先生と話していないんですね。講演からこっち、留学してからのことなんですけれど、彼が正装して迎えにきてくれたのでびっくりしました。あの人はカリフォルニアの人ですから、いつもラフなんですね。

神田橋　ああ、何か写真があるわ。

村山　東洋からわけのわからないやつが行ったのに、きちんと正装してね。初めと終わりにピチッとする人です。帰るときも、みんなを連れて、僕の家でパーティーをやってくれましたしね。あとは中抜きですけどね。だいたいは、「あとは好きにやっておいて」という感じで（笑）。

それと、やっぱり僕がロジャースの考え方で学んだことは、彼はいつも「正治、君はどう考える？」というふうに、僕に考えさせた。

神田橋　「考える」というのは、その場合、英語では何ですか？

村山　feel とか think とか。

神田橋　feel だろうか、think だろうかどっちかなと思ってね。

村山　これはどこかにも書いたことがありますけれども、ロジャースのエンカウンターが失敗したという話が、仲間の中であったんです。それで、「先生、失敗って、どうだったんですか？」と聞いたら、彼は答えないで、「君が関心があるなら、地図と知人を紹介するから、その場所に行って見てこい。自分で聞いてこい」と言う。

これは、噂とかではなくて、生のところに行って、生のデータに接触しろということだったんだと思うんですね。

神田橋　ボクの感じではね、そこには一つの小さな崩壊があったと思うんですよね。崩壊があったから、それを説明はできない。だけど、何か新鮮なものがそこに生まれようとしているよね。「崩壊」と「再生」。そのことは感じるから、今までのものが壊れたんじゃないかというような話は実にくだらなくて、何か新しい、まあルネッサンスの崩壊みたいなものがそこに行ってみたらわかる、そういうことだろう。先生、仲間扱いじゃないの。

村山　そうですね、そうかもしれません。確かに。結局、僕はそれが失敗か成功か、聞いたってわからなかったですよね。だけど、成功か失敗かというラベルはあまり貼らないようにするということは、そこで学んだ。てめえで見て考えろということを。

神田橋　そこから何かが生まれたということだよな。

村山　さっきの〝How do you feel ?〟についても、自分で考えないとしょうがない。失敗か成功か、ロジャースは僕に、人の話ではなくてとにかく自分で見てみろと言う。それは、今でも印象に残っています。

神田橋　今の先生のお弟子さんの育て方と同じだよね。

村山　ああ、まあねぇ（笑）。こっちは、教えるものがないからだけど（笑）。

神田橋　同じです。行ったら何かが生まれるよ、と。

受け継いでゆくという発想に否定的

村山　それからもう一つね、これは大事なことですが、ロジャースから学んだということよりも、その研究所に行ってびっくりしたことです。自分はロジャリアンだと本当に考えている人がわずかしかいなかった。

神田橋　ああ、やっぱり。

村山　あとは全部、いろんなわけのわからない人。そういう人がいっぱいいました。世界中から来ていましたけれども、ロジャースはそのときすでに、自分の、ロジャリアンの研究所を作るという発想は持っていなかったんですよね。

ジェンドリン*という人がロジャースが死んだときに、アメリカ心理学会の偲ぶ会みたいな場で、最後にロジャースの語りを紹介しました。ちょっと恰好良過ぎますけど、「自分は、ＣＣＴつまりクライエント・センタード・セラピー（client-centered therapy）とか、そういうものを作ろうと思ってやってきたのではないんだ」と。「自分がいちばん大事にしたのは、クライエントの役に立つ援助をすることだ」と。それは、「ＣＣＴとか、そんなのに付いてくるな。お前たち一人ひとりで考えろ」というロジャースのメッセージだったと思うんですよね。

つまり、ロジャースの体系をずっと受け継いでいくという発想には、非常に否定的でした。

神田橋　ロジャース本人が？

＊　二二一ページの脚注参照。

村山　本人が。役に立つことが大事。それは、先生だってそうでしょう？　つまり、臨床家のいちばん大事な点は、セオリーを守ることではない、と。つまり、実際にやってみて、それが役に立たなければ変えればいいわけですよね。

神田橋　うん、そうです。

村山　ただ、日本はどっちかと言うと、失敗すると、自分が間違ったからだみたいに思いがちですよね。そうではなくて、とにかく自分でやってみろ、と。それで新しいことが出来てくるのではないかということだったと思います。

神田橋　それは、ジェンドリンがそういうふうに？

村山　最後にロジャースに会ったときに、そういうメッセージをもらった、という感じでしたね。

神田橋　ああ、そうよね。

村山　これは、やっぱりロジャースは徹底していましたね。だって、墓も作っていないんです。

神田橋　墓もないんですか。

村山　はい。散骨です。

神田橋　ああ、散骨。

村山　それから、資料は全部アメリカの国会図書館に納めちゃって、もう一つカリフォルニア大学サンタバーバラ校にもあるんですが、そこにも寄付して、個人所有の研究書類は一切残していない。ユングとかフロイトのような研究所を一切持たなかった。だから、ロジャースが亡くなってから、研究所は基本的にはないですね。

神田橋　ロジャースという人を実際には知らないけれども、一つだけボクが感激したのは、けっこう晩年に近くなって、娘さんに指摘されて反省するところがあるじゃない？

村山　そうそう、そうそう。

神田橋　ボクの記憶が間違っていなければね、「パパは、人々を絶対受容すると言っているのに、自分自身を受容していないじゃないか」とか、娘さんが言うんだよな。

村山　ああ、なるほどね。

神田橋　その、自分自身は受容しなくて、人を全部受容しようというのは、やはり、多少自分が上にある人間だと、だから、神から使命を与えられた人間だという潜在的な気持ちがあるからではないか、というようなことを娘に言われて、反省して、それからずいぶん楽になったというようなことを、八〇歳ぐらいかに言ってるね。ボクは英語をあんまり読まないから、先生が紹介したんじゃないの？

村山　今のは大事な指摘ですよね。というのは、彼は、もともとプロテスタントのすごい家に育っていて、そのプロテスタントから距離を取るというのが、ある意味カウンセリングのほうに向かった大きな動機でもありますから。だから、ちょっと宗教臭いところがありますよね。何かきちんと信念を持っていてバシッとやるということがたくさんありますね。

だから、彼にとっては、おそらくエンカウンター・グループが自分の治療に役に立っていたんだと思います。

神田橋　ああ、そうですね。

エンカウンター・グループと紛争

神田橋　それで、向こうに行かれたとき、先生はエンカウンター・グループというものに出会って、それを日本に持って帰るという感じではなかったんですか？

村山　エンカウンター・グループを日本で広めたのは畠瀬稔さんという人なんです。一九六九年でしたか。僕はまだエンカウンター・グループという名称ではよく知らなかったんです。僕の場合、今で言うエンカウンター・グループ（もともとは「合宿」と言っていたんですが）にいちばんに関心を持ったのは、実は大学紛争のときだったんです。

神田橋　ねっ、ボクは、そこのところを、先生のエンカウンター・グループが本物になった瞬間とみています。

村山　ああー(笑)、厳しかったですけどね。つまり、ああいう中でも、いろいろ立場が違っても、ある部分で話し合える。後年は殺し合うようなことになってしまったけれども、僕自身はある程度、学生たちとみんなでこれからの方向とかを考えることができるんだなということが体験できましたね。

神田橋　あのときの体験では、いい加減なところで妥協しないで、なぁなぁにならないで、まともに話し合える人たちに出会って話をしている感じがあったね。

村山　そうですね。

神田橋　ボクは何か小気味良い感じがあったな。

村山　はい。そういうことがあってね、アメリカへ行ったときに、ロジャースが何をやっているのだろうなと、実は思っていたんです。だから、大学紛争の話をすると、彼はすごく関心を持ってくれました。

神田橋　あぁ、そうですか。

村山　彼は、すでに似たようなことをやっていましたしね。つまり当時、彼はエンカウンター・グループを使ってセラピー、個人セラピーというのをあまり考えていなくて、すでに自分の理論を使ってノーベル平和賞の候補になったように、対立している国の大統領クラスを集めてエンカウンターでというプロジェクトを……。

神田橋　え、それはプロジェクトとして？　メタファーではなくて？

村山　そうそう、プロジェクトです。実は、それを死ぬまでやっていましたから。僕が行った頃は、もうベトナム戦争もありましたしね。単にデモをするとかではなくて、アメリカの社会問題とかが、自分の開発した理論とかスキルで何とかならないか、と。それが、エンカウンターだったと思います。

神田橋　ほう。そうすると、ある時間と空間を共有するものを「こしらえる」ということを意味しませんね。

村山　そうですね。

神田橋　例えば、サミットなんかを見ても、あれはエンカウンター的に動いているかなとか、いないかなとか。

村山　サミットは、アジェンダが決まっていて、それを承認する会議になりやすいんですね。ロジャースはアジェンダなしのエンカウンター方式で挑戦して成果をあげました。プロジェクト継続のなかで、ロジャースが転倒（自宅）して突然死亡したために中断されました。

神田橋　うん、そうですよね。……悲しいねぇ。

村山　僕がもう一つロジャースから学んだことは、やっぱりチャレンジしていくということ。今の課題に対して、心理学でどうそれがどう解けるかみたいな、何かそういうことですね。

神田橋　ロジャースが自分の仕事や、クリエイティヴなアイデアを実現していこうというときは、相当な抵抗がある時代だったでしょう?

村山　周りから?

神田橋　うん、周りから。

村山　確かに、周りからはすごくズレていますよね（笑）。

神田橋　ねぇ。異端でしょうね、周りからはね。

村山　当時そのプロジェクトも、周りからは冷たくされて、だから、お金を集められなくて困っていました。それで、たぶん自分の私財をつぎ込んだんだと思うんです。死ぬ間際には、お金がなくて困っていました。

僕がロジャースから学んだことは、そういうふうに、「自分にとって大事なことをやってみろ」ということ、「自分はどう考えるのか」ということ、それから、「PCA（Person-Centered Approach）にこだわるな」ということ。要するに、「おまえはどう考えるのか」ということであり、「臨床では『役に立つこと』が大事なんだ」ということです。それはジェンドリンの書いた文章にもありますけれども、ロジャース研究所にいて、やっぱりそう思いました。

神田橋　PCAにこだわればPCAでなくなるでしょう、と。

村山　ええ、そうだと思います。それはパラドックスです。何かそういう目を持っていた人ですね。そういう意味で、日本に帰ってきて……こんなことをしゃべっていていいのですかね？

神田橋　いやいや。

村山　何か今日は僕がセラピーを受けているみたい。

神田橋　これこそ、みんなが聞きたいことです。

村山　そうですか。

エンカウンター・グループで何が変わるのか

村山　もう一つ、よく学生に「先生、エンカウンターに出て何が変わったのですか？」ということを言われました。

神田橋　何が変わったのか。

村山　「エンカウンター・グループに出て何が変化したのですか？」と聞かれます。僕も確かにたくさんグループに出ています。野島さん*なんかと一緒に、一生懸命やってきた。それで、何が残ったか、と。「出会い」ということで何が残ったかと言うと、僕は二つあると思うんですよね。一つは、「変わっていない」ということ（笑）。

神田橋　うん、うん。

村山　僕のできないもの、英語ができないとか、字がむちゃくちゃだとか、あまり整理ができないとか、そういうのは全然、変わっていないです。

ただ変わったことは、これは先生の発達障害論につながるのですが、自分のそういうところをあんまり気にしなくなった。

神田橋　うん、ねぇ。

＊　野島一彦（一九四七〜）。九州大学名誉教授。元日本心理臨床学会理事長。村山正治と共にエンカウンター・グループの実践・研究に熱心に取り組み、ファシリテーター論で知られる。

村山　それに、あんまり囚われなくなった。あっても、「まあしょうがないね」と。

神田橋　「それでいいのだ」とか、「これでいいのだ」とか、あれはね、あんまり大きな字で書いてあるのが良くなくてね。

村山　そうですね。全然気になっていないわけではないんですよ。確かにそれで困っている。でも、そんなにそれにエネルギーを使ってしまうと動けないから、「まあそれはそれで仕方ないね」というのでね。

神田橋　仕方ないね。

村山　うん。

神田橋　「それどころではない、まだ他にすることがあるから」とか。

村山　まあまあ、そういうことかもしれません。

神田橋　ねぇ、そんな、できないことをいじってもしょうがないです。羽はないから空を飛べないし、というような感じですよね。

村山　そうなんですね。それでやっぱり、僕が何か新しいことをやるというのは、ほとんど今はエンカウンター・グループの仲間となんです。すごい友人だったり、研究仲間だったり、僕はエンカウンター・グループのそれこそ出会いの仲間づくりに、とても助けられているんです。

それで、僕が今思っているのは、やっぱり人間というのは一人では生きられない。結局、僕の場合は、仲間と一緒にやるのが好きだな、ということです。

それが一つとね、それから、自分でできないことをどうするんだというときには、仲間に頼む。例えば、これはもう毎回そうなんですけれども、外国で発表するときには、僕は、本当に英語ができなくて、仕方がないから英語のできる院生とか他の人にお願いします。

神田橋　ああ、先生も英語ができないんだ。

村山　できないんです。

神田橋　うれしいな（笑）。ボクは、外国語は全然駄目なんです。

村山　全然？

神田橋　日本語は達人だと思っているんだけど（笑）。日本語専門なんだ。

村山　英語ができなくて、でもやっぱり外国へ行って発表したいしね。そうすると、できる人に頼んで、一緒に共同研究をやったりして、それで行く、と。そういうことを覚えた。つまり、自分ができなくても大丈夫、それを知っている仲間を入れる。これは、やっぱり僕はエンカウンターのお蔭だと思いますよ。

例えば、僕は、学校臨床心理士のワーキンググループ*というのを作ったんです。新しい試みです。僕は自分のできないことがわかるから、自分にできないことをやれる人をたくさん集めて、それで何とか回ったんです。新しいことだから今までの例がない。僕ができないこともたくさんあるけれど、いろいろやれる人を集めてやる。そういうことを覚えて、何かできなくても、あんまり怖がらなくてもいいんじゃないかと思うようになった。

＊　一九九四年創設。日本心理臨床学会、日本臨床心理士会、日本臨床心理士資格認定協会の三団体合同の試みで、日本のスクールカウンセリングの根幹を作った。

別々にいてつながっている

神田橋　今度の新しい本の「隣の部屋にいても参加している」とかさ、あれはいいなと思ってね。

村山　あのね、それは、僕がエンカウンター・グループで覚えたことの一つです。昔、やり始めの頃は、「グループの凝集性」というものが大事だったわけです。つまり、まとまってみんなでやるとかが。すると、休む人とか外れていく人というのは、困っちゃうわけ。

神田橋　変な人になってしまうわけ。

村山　ファシリテーターとしては、何とかそういう人を出さないようにしようとする。ところが、どうもそうではないというのがだんだんわかってきました。グループから出たい人は、そのとき出ることのほうが大事なんだ、と。

神田橋　それは、大変な変革と言うか、前進だと思うけれども、その契機になったのは何ですか?

村山　やっぱり凝集性よりも、個人の一人ひとりの生き方のほうが大事だという考え方にだんだん変わってきたのだと思います。だから、その人が「出たい」と言えば、まあいったん出て、戻りたくなったら戻ったらいい。そっちのほうが大事だと。

神田橋　ボクは、先生のあの本を見て、パッと思いついたコトバは、「パーソン・センタード原理主義」(笑)。

村山　なるほどね。これについては、鎌田道彦さんという院生が「参加しない参加のあり方」みたいな言葉を使っています。なぜかと言うと、あとで参加者カードを書いてもらったら、グループの隣でずーっと病気で寝ていた人が、グループについていちばん「良かった」と書いている。これは何だと、びっくりですよ。

　つまり、そういうことを認めてもらった。そういうように、寝ていても参加することができる。そういう参加の形態を、たぶん本人も周りも理解したんですよ。それが、その本人にとってはすごいことだったのでしょうね。そういう体験がそれまでなかったと。

だから、そういうことを考えると、グループに参加して良かった、良かった、とあまりに言うのは、どうも、みんなとの妙なつながりだけが出てきちゃうように思う。

神田橋　うん、そう思うの？

村山　うん。エンカウンターというのは、僕は日本のカルチャーに入ってくる以上は、実はそうではない、と。日本の同調性とか、それから、コンフォーミティ（conformity）とかは、実は崩していくためのものだというふうに思っているんです。けれども、どうも初めはそんなふうだった。この頃はそれが、一人ひとりが大事なんだというふうに変わりました。

神田橋　一人ひとりが大事ということがあると、もう一つの「連帯感」、互いに相手を大事にすることが重要だということ、その両方の重要性が浮き出てくるよね。

村山　やっぱりバラバラで一人ひとりとして評価する、というあの感じなんですよ。一人ひとり別々にいてつながっているというのが、僕が考えている理想の形態なんです。

神田橋　そうですね。

村山　まあ、いつもそううまくいくとは限りませんけれども、そういうのがいいなと。

神田橋　少なくとも目指していくんですよね。

村山　そうですね。

あなたの関心はどこにあるのか

村山　だから、僕のところへ来る学生さんたちには、こういう鉱脈とか何かを見つけるようにしている。さっき言ったように、僕は悩みましたから。

大学院生を養成するときに、「科学者—実践家モデル」「実践家—科学者モデル」というカードがあるんです。

神田橋　それ、前からあるの？

村山　これはね、あんまり良くないのね。僕は「自己実現モデル」。先生も使っていらっしゃいますけれども、研究にしろ実践にしろ、その人がいったい何をやりたいのか、生涯どういうふうにして生きていくのか、そっちのほうをまず優先したほうがいいのではないかと思っています。だから、徹底してゼミでもそこに付き合う。「今あなたの関心はどこにあるのですか？」と。心理学の方法を教えると言うよりは、ある意味そういうことばっかりやっています。

僕は、人間のエンジンというのはそうではないかと思うんです。それを「鉱脈探し」と言っていることもあります。自分のやりたいことに触れたら、研究も、どうしてもやりたくなるんですよ。だから、それを見つけてもらうということが教官の仕事だなと思っています。僕は、やっぱりファシリテーターなのかな、教官と言うより。

神田橋　うん、ファシリテーターだね。世の中のファシリテーターは、ちょっと「ファシリテーターもどき」になっているけどね。

村山　いやぁ、そうですか。

神田橋　ファシリテーターというのは、「扇動者」「アジテーター」ではないよね。でも、ちょっと「アジテーター」みたいになる危険があるね。ボクがやればすぐそうなるの(笑)。

村山　いやいや、神田橋先生は、アジっているようで温かさが来るんですよ。すごく温かいんです。

神田橋　ボクは、まだ西園先生の弟子になったばかりの二〇代の頃にね、「神田橋君、君は自分で気がついているかね？　天性のアジテーターだぞ」とか言われて（笑）。それで、しばらく悩んだけれども、「もうこれで行こう」と思ってね、天性だから。天性と戦ってもしょうがないわけで、ずっとアジテーター一筋です（笑）。だんだん温かくなっていったけど。まあ、もう今はカミソリのようではないものね。

村山　いや、いや。

神田橋　前は、「家に帰ってから血が出る。それで切られたのがわかる」とか言われてね。

村山　いや、もちろん、そのすごい片鱗はありますけれども、僕が感ずるのは、僕のことを見守ってくれている、どこか気にかけてくれている、という感じかな。

神田橋　うん、ボクの感じでは「好きだ」というだけですけど。

村山　そうなんですね。

神田橋　「好きだ、無性に好きだと」いう感じです（笑）。先生のほうが少し年上ですよね。先生は、一九三四年ですか？

村山　年齢？　僕は一九三四年生まれ。だから、八一歳です。

神田橋　ボクは一九三七年です。

村山　一九三七年ですか、はぁはぁ。

神田橋　ちょっとボクのほうが若い。

「何が起こっているのか」に答えるべき時

神田橋　話が途中になったけど、そこまでパーソン・センターのエンカウンターが成長して、回り回り融通《ゆうずう》無碍《むげ》になってくれれば、もう「何が起こっているのですか？」ということに答える時期が来たよ。

村山　ええっ？　何が起こっているのか……何をエンカウンターで……。

神田橋　部屋の外にいて、その人がエンカウンターで「ああ、この体験は良かった」とか言って、そう感じて、確かに外から見ていてもその人が生き生きしてくるじゃないですか。そこで何が起こったんだろう？　学生さんの「何が起こるんですか？」という質問に、もう答えなきゃいかんでしょう。融通無碍になったら、これはもう本質に対する答えが出てくる。

村山　その辺は、先生が僕の本の書評にも書いてあるんだけど……。

神田橋　うん、書評で、それを突っ込んでいます。

村山　「セオリーがない」と。「エンカウンターでは、こういうことがありました。こういうのが出ました。でも、なんでそうなったのかとか、そういうのがない」と書かれていますね。それは、確かにそうなんですね。

神田橋　いや、ないっていうのは、ちょっと違うのよ。

村山　ああ、違う、はい。

神田橋　よく読んでくれ（笑）。この理論でも説明ができるし、この理屈でも説明ができる。だから、すべての理論図式を包含しているわけです。エンカウンターで起こってくる現象を。こちらで切り取って解説すると、その瞬間に本質が逃げてしまう。

村山　逃げているかなあ、そうなんですかねぇ。

神田橋　だから、独自の何かを作らないといかん。

村山　何というのかなあ。

神田橋　いろんな理屈で一応説明がつくということがヒントだろうと思ってね。

村山　僕は先生、二つの意見があるんです。一つは、ロジャリアンの、ロジャースの発想のポイントは「説明がいらない」。

神田橋　そうだね。

村山　科学はイフ-ゼン・サイエンス（if-then science）だからね。こういう条件があったらこういうふうになるよと。「なぜか」というのは、もういろんな説明があっても、それは証明できないし、「いろんな説明があるよ」というので切っちゃうんです。

神田橋　はい、それが一つね。

村山　それが一つ。だけど、それはまあロジャースの考えです。僕は、野島さんや色んな人とプロセス論とかをつくったけれども、どうも何かこう、グループを楽しんでしまうと言うかね。枠とか何かをつくること、そういうのはあんまりね。うまくいかないときにどうなったんだろうとか、それはやっぱり一所懸命考えるし、でも、何かセオリーっていうのは浮かばないというか……。これは学者としては問題だと思うんですけれども。PCAGIP《ピカジップ》にしても、僕がやっているPCAにしても、行って、自分がもしかしてエネルギーをもらっているのかもしれません。行っているときは、僕はすごく調子がいいです。そして、自分が「動いている」という感じがします。だけれども……。

神田橋　えっ？「動いている」という感じがする？

村山　はい、「動いている」という感じがします。それが、僕がグループに行く一つの大きな動因だと思います。自分がそこに行くと、やっぱり動くし、難しいことにぶつかるけれど、そこで自分なりの対応をするとか、やっぱり何か自分がそこで鍛えられたり動いたりしている。それが、たぶん僕の支えになっているんだと思います。だけど、セオリーと言われると、どうも（笑）。

文字言語で学習された窮屈さを解放する

神田橋　ボクがぜひ先生との対談にしたいと思ったのはね、ボクの心理療法の論は今のところ、心理療法の核心と言うのかな、エッセンスと言うのかな、中心にあるものは、内側にあってエンカウントしていない内在化されている思考過程とか情緒過程が、エンカウントすることで生命体としての動きが、自由度と言うのかな、融通無碍さが増えてくる。ということは、つまり、外側で「エンカウンター」として言われているようなさまざまな現象は、内側のエンカウンターをファシリテートする、という理論でいいのではないかなと思っているんです。

村山　なるほど。

神田橋　そして、さまざまな、例えば、精神分析は、それを妨げているさまざまなものを標的にして取り上げて、その「桎梏《しっこく》」――「桎梏」というのは、ほとんど学習ですよね。生来性の学習です――学習を少しでもフレキシブルなもの、もっと許容性の高いものに変えていくことによって、エンカウントすることが起こってくるのではないか、と。それは、まあ簡単に言うとファシリテートする、ということです。

今、ボクが書いている本では、学習の中で、生命体の動きをそういうふうに束縛してしまう学習は、すべて文字学習だとしています。

村山　ああ、確かにね。

神田橋　体験学習は、束縛はないです。おのずから、状況に応じて変化していくから。文字文化は変化しないです。なぜかと言うと、文字文化というものは、変化させないことを使命と……。

村山　うん、そうですよね。固定するための……。

神田橋　そう、文字文化は何千年でも不変で存続するということを悲願として生み出されてきた文化だから、内在化された場合に、文字言語由来の学習は、動かないわけです。そいつを、今度は、文字言語対文字言語の格闘で修正していく以外、手がないだろうと思います。

　これが、言語を用いた精神療法であって、非言語的精神療法はそうではなくて、文字学習によって窮屈にされている命のほうに、エネルギーを与え賦活していくようなものとすれば、エンカウンターが深みを睨んでいると言うか、想定しているものがいちばん中心になるのではないかと……今のところは、そういう理論構成で本を書いています。

村山　ああ、そうなんですね。それは、ある意味で、現代社会のとか、あるいは今世紀、二一世紀のいちばん大きな課題ではないですか。

神田橋　ねぇ。

村山　とにかく文字とか、記号とか、そういうことですべてを置き換えてしまう。それで、どれほど命が枯渇しているかということですよね。

神田橋　そこから離脱しようとする命の最大の…最高の…でもないな、際立った活動は、痴漢だと思いますよ、痴漢。文字言語でつくられた学習の一つの特徴は、目的と手段の乖離なんですね。だから、目的と手段が同一である活動は、全部健康法になると思うんです。痴漢は、痴漢のために痴漢をするんですよね。もう、とても充全たるものです。目的が手段でもあるんです。

賭け事は儲けるためにやっているけれども、どこかで三昧の境地に入ると思います。三昧の境地というのが、健康法だと思うんです。

村山　健康法……。

神田橋　なかなかないけれども、痴漢はそうだな。その傍証は、目的と手段が離れている仕事をしている人ほど痴漢になりますね。学者さんとか、裁判官とか、ああいう人たちは、やっぱり健康を何とか回復しようとする命の切ない動きとして痴漢をするんだろうなぁ、そうじゃないかな。

村山　いや、確かに。それはものすごく大事なもので、僕が勉強していたフォーカシングなんかも、ちょっとそれに近いような線で進めているものもありますけれども。もっと踏み込んでいるというのか、「命」という言葉を使って人間の持っている何か生物としての良さというか、実現傾向が……。

神田橋　それに気がついた一つの経験は、識字率が低い人々というのが、今も日本にいるんです。識字率の低い、文字を読み書きできない人たちは、素晴らしい表情をしていますよね。

村山　はぁ。

神田橋　声といい、身振りといい、とっても素晴らしい。それから、文字文化が十分に行き渡っていない、学校が出来ていない、まあ「未開の地」と言われているようなところの子どもたちが、日本の援助で学校が出来たと、万歳とか言って喜んでいますよね。あんな姿は日本の子どもたちには見られませんね。あれは、学校が出来たから消えていくんだろうな（笑）。

村山　なるほど。

神田橋　寂しいねぇ（笑）。

村山　国際比較の調査を見ても、日本、韓国、中国、アメリカかな、高校二年生の調査で、日本の高校生がいちばん自分に自信がない、自分は駄目だと思っている。

神田橋　ああ、そうですか。

村山　これは大問題ですね。今のことでもそうなんですが。

神田橋　ところで、今、何時？

村山　時間？　あと五分？

神田橋　ああ、もう終わりに近い。ボクは、ここらあたりで休憩してと思っていた（笑）。今からなんだと。

本人の志を感じてそれを大事にする

村山　もう一つ、これは神田橋先生の本にも書いてあったのですが、発達障害の人の対応をいろいろやる中で気づいたことは、できる限りポジティヴな側面、症状とかなんかのポジティヴな表現に注目して、そこを大事に治療として使うということですね。

例えば、僕らのグループでも、さっきの日本の学生もそうなんだけれども、「べき」じゃなくて、今あるその人のいいところというのを、きちんと自分で納得してもらうことがものすごく大事で、臨床心理士になってもらう場合も、その辺が大事なんじゃないかと思うんですね。その本人が、ここが自分のいいところだというのを持ってもらうと、すごく元気が出るし、自分を大事にしてくれる。そしてそれが、クライエントさんを大事にすることにつながる。

神田橋　そうですね。鉱脈の中に、その人の生活史の中で、文字言語なしに築かれた学習は、使うといいですよね。

村山　ああ、そうか、そうか。

神田橋　それは、もう鉱脈の一部ですよね。

村山　そうですよ、うん、うん。

神田橋　絶対そうですよ。心理療法ではないけれども、格闘技の選手なんかで、もし格闘技をやらなかったらどんな人生になっていただろうかと思う人がいるよね。

村山　そうそう、そうだね（笑）。

神田橋　ねぇ。格闘技をやってから、だんだん、だんだん人間としての丸みが出て、成長があってね。

村山　変わってくる。うん、そうですね。

神田橋　あれをみんな、見ないといかんね。ヤンキー兄ちゃんみたいな人が、そんなじゃなくなるでしょう？

村山　そうそう。

神田橋　やっぱり成長期に、自分のことをポジティヴにイメージ化されること。それには、外からポジティヴに評価を与えられることじゃ駄目なんですよ。自分が、それにポジティヴな評価を与える、と。

村山　そう、そうです。やっぱりね、教えられるものではないと思います。

神田橋　ないですね。

村山　自分で獲得することがすごく大事だと思うんですよね。だから、教官としては、なるべく学生がそういうふうなことを体験できる場にする。いろんな考え方があっていい、本人が自分で学習していくしかしょうがない、みたいなところがありますけれど、そのお陰で、僕のところは、もういろんな論文が出てくる。

昔、九州大学の頃、指導のときに「この論文は、どこの教室の論文？」とか言われてね。僕のところの学生はたいてい変わったのを出すんですよ。それで、「えっ、これが村山先生のところ？」と（笑）。行動療法の論文なんかが出てきて、「村山が行動療法をやっている。あいつ、専門家でもないのに」と言われたりね（笑）。

神田橋　へえ、そう。

村山　でも、本人がそれをやりたいということであれば、それは、その専門の先生のところへ紹介をするからやればいい、僕は見守るしかできないけど、と。

神田橋　だけど、それでもみんな先生に教えられたと思っているものね。精神分析をやっている人でもね。

村山　そうですねえ（笑）。

神田橋　やっぱり違うんだよね、なにか。

村山　本人の志を感じながらそれを大事にする、ということなんでしょうね。

神田橋　そうですね。

村山　基本的に僕は、それしかやっていないです。教える能力は落ちるし、知識も少ないというのは、本当にそうなんですけれども、自分がそうしてやってきた原体験が大学のときにありますから、それがいちばんいいと思う。それに、僕に頼らなくても、他の先生から学べばいいので。

いつもちょっと未来を考える

神田橋　たしか、先生の退官記念のお祝いを、四大学合同の同窓会がみんなで話し合ってやったよね。

村山　ああ、はぁはぁ。

神田橋　あんなのは、ちょっとあり得ないよね。全然別々の大学の院生がさ、みんなで話し合って集まって、先生の退官記念のパーティーをやったって、すごいです。

村山　やっぱりそれは、まあ村山は何もできないから、助けてやらないと大変だと（笑）。それが一つある。それから、僕の唯一の取り柄はですね、ちょっと自分流に言えば、未来を考えているということ、未来志向みたいなところかな。だから、「今これが大事なんじゃないの」とか、例えば、「社会的にも、今われわれがぶつかるべき課題というのは、これじゃないの」とか、チャレンジする方向のようなものがちょっと見えるかな、そういうのは若干あるかなと思います。僕の教官としての唯一の素質……。

神田橋　ちょっと全共闘みたい……。

村山　何かねぇ、ちょっと危ないですね。付いてくると危ない（笑）。でも、僕の好みとしては、後先考えないでやるという気《け》があるから。やっぱり、ちょっと危ないんですよね。

神田橋　危ない……うーん、老いないと言うか、永遠に若いとかね。

村山　いやあ、まあ、確かに、自分でも、こんなに未だに面白いことがたくさんあっていいのかなと、思ったりしていてね（笑）。まあ、大学に行っても、何かケアされているようなものですからね。

神田橋　そうですね。

村山　大学院だから持っているというのもあるし。お蔭で今は、人生が大変好きになっていますね。

神田橋　うん、ねぇ。何かとてもいいものを感じるよね。

嘉嶋　先生がた、残念ながら、お時間となっております。

みなさま、お一人おひとりの中で、素敵なエンカウンター体験があったのではないかなと思います。

先ほど学生運動のお話も出ましたけれども、私は、それがちょうどピークを過ぎたぐらいの頃に村山先生とお会いしました。あの頃、学生の間では有名な話でしたが、村山先生は、警察に追われた学生をみんなご自宅でかくまっていらしたんです。これは、もし大学にばれちゃったら、助教授をされていたわけですから、先生のお立場が危うくなったと思うんですけれども、学生が家に逃げて来たらそれを全部家に引き取っていらっしゃった。夫人の尚子先生が、まだ小さかったお子さんを背中に背負いながら、一緒に花札をされていたという話もお聞きしました（笑）。尚子先生も、とっても素敵で、私は大好きです。

一度、学生が来たときに玄関が閉まっていて、留守だというので二階の窓から入ろうとしているところを、近所の人が見つけて「泥棒が入ろうとしている」と警察に通報したなんていう話もありました。

これもまた有名な話なんですが、今はもう解体されてなくなっていますけれども、九大の教養部が六階建の建物だったんです。上のほう、五階、六階が教官室でした。学生運動で、そこがロック・アウトされちゃったんです。そのとき、村山先生の研究室には催眠用のポーチがあったからか、占拠した学生たちが寝場所にしていたそうです。その研究室に、村山先生は大切な書類を置いてきたことに気づかれたんですね。そこで研究室に電話して、「書類を返してくれ」と言ったら、「自分で取りにくるなら返す」と言われて、縄梯子をつたって取りにいかれたそうです。「ここで今、手が滑ったら死ぬな」と思いながら登ったという話をお聞きしています。こう見えて実は、運動神経抜群なんです（笑）。駅伝の選手でいらしたそうです。

ちょっと連想をお話しさせていただきましたけれども、今日の出会いの体験を、またこれからの……えーっと、テーマは何でしたっけ？

会場　（笑）。

嘉嶋　「心理臨床家をどう育てるか」でした。

村山　そうですか（笑）。

嘉嶋　十分、みなさま方の今後の参考になるお話をしていただけたと思います。では、時間も過ぎましたので、これで終わりたいと思います。どうぞ両先生に拍手をお願いします。ありがとうございました。

会場　（拍手）。

素描……椅子の周辺

通常、学会などで行われる対談の司会者は、ステージの片隅に置かれた演台で対談する先生方を紹介して、袖に引っ込む。その後は気楽に対談に耳を傾け、頃合いを見計らって、終了を告げて、締めの言葉を述べて、お開きにする。当日、わたしもその段取りを思い浮かべつつ、会場に赴いた。

だが会場に着いて、仰天した。ステージには三つの椅子が並べられて、ライトに煌々と照らされていた。椅子が三つ？　神田橋先生と村山先生とあと一つは誰？　まさか……。

慌てて、会場担当の先生に確認したら、やはりわたしが座ることになっているとおっしゃる。えーっ、そんな話は聞いてません。村山先生に抗議すると、先生はニコニコして、「嘉嶋さんも一緒に話してよ」と取り合ってくださらない。ニコニコしているときの村山先生は、いつにも増して頑固である。押しても引いても微動だにしない。そうこうするうちに、椅子は三つ置かれたまま、開演の時刻が来てしまった。

仕方がない。腹をくくって、お二人の先生の紹介をしながら、わたしは一つの覚悟を決めた。お二人が話しておられる間、わたしは決して言葉を挟むまい。黙って、聞き役に徹しよう。それは、おしゃべり好きなわたしにとって、かなり強い決心が求められる覚悟である。できるだろうか……。

だがそれは杞憂であった。お二人の対話は盛り上がって、とどまるところを知らず、わたしは自分のことばなど忘れて、聞き入ってしまった。よって、対談の途中でわたしの発言がないのは、編集の段階で削除したものではなく、わたしはただお二人のことばに気持ちよく耳も口も心も委ねていたのである。

対談のさ中、村山先生は終始、うれしくて、楽しくて、たまらないというご様子だった。一言、話されるたびに椅子のひじ掛けをつかんでは、ゴトゴト、ゴトゴトと神田橋先生のほうに、にじり寄って行かれる。その様子を拝見していると、わたしもうれしくなって、さて、対談が終わるころ、椅子はどれくらい動いているだろうか、その結果を見てみたいと思うようになった。それには比較対照の基準となるものが必要である。

わたしは、密かにもう一つの覚悟を決めた。わたしは決して椅子を動かすまい。わたしが座る椅子は当初の位置のままでなくてはならない。村山先生の頑固に負けないくらいに、この椅子を微動だにさせてはならないと心に誓った。

そして対談が終わったとき、村山先生の椅子は、わたしの椅子よりもはるかに神田橋先生に近い場所にあった。

その証拠写真を残していないのは、私の痛恨のミスであるが、当日、会場にいらっしゃったみなさんは椅子の位置の変化に気づいておられたと思う。それほどに椅子は動いていた。

対談の中で、村山先生は「今日はセラピーを受けているみたい」とおっしゃっている。おそらく、この対談では他で話したことのないことがたくさん話されていたのだろう。村山先生の心の軌跡をたどる対談が、そのまま「心理臨床家をどう育てるか」というテーマに通じていた。とても良質な事例研究を聞いた後のような、爽やかさが残った。

（かしまえりこ）

成瀬悟策×神田橋條治

どこへ行こうか、心理療法

日本心理臨床学会
第三〇回秋季大会
二〇一一年九月三日
於：福岡国際会議場
メインホール

大場　では、みなさん、お待たせいたしました。ただ今から、成瀬悟策先生、神田橋條治先生の対談を始めさせていただきます。

私は、司会をさせていただきます、九州大学の大場でございます。

田嶌　同じく九州大学の田嶌です。よろしくお願いします。

大場　よろしくお願いいたします。

みなさん、早く始めてほしいと思っていらっしゃると思いますが、ほんのちょっとだけ、今回の対談のきっかけについて、私のほうから話をさせていただきます。

実は、本対談をするに至ったきっかけですけれども、今年（二〇一一年）の五月に、成瀬先生に私がお会いしましたときに、「去年、鹿児島で催眠医学心理学会があったんだけど、そこで神田橋君と話して、とても面白かったんだよなあ。もっとやりたかったなあ」とおっしゃったのです。それで、「えーっ、私も、先生、それを聞きたかったです」と言いました。私は、今回の日本心理臨床学会の大会実行委員ですので、ふっと閃いて、「先生、その続きは、日本心理臨床学会での『対談』でいかがでしょう？」と、成瀬先生に持ちかけました。そうしたら、「ああ、ええよ」と、「たぶん神田橋君もいいと言うと思うよ」（笑）とおっしゃっていただいたので、その日の夜に、神田橋先生に早速ご連絡させていただきました。そうしましたら、神田橋先生のほうも、夜にもかかわらず即答で、「いいよ」とおっしゃってくださいました。

それで、対談のタイトルなんですが、私が『体と心の交差点』というタイトルでいかがでございましょうか？」と言いましたら、神田橋先生が、「ボクも、成瀬先生も、そんな交差点はとうに通り越しているよ。そのタイトルは良くない」と言われて、「はあー」となりました。もう練りに練ったタイトルだったんですけれども。

　そうしたら、神田橋先生のほうから、「そうだねぇ、『どこへ行こうか、心理療法』とでもしといて」と言われたので、「わかりました」ということで、このタイトルになって、本日、この日を迎えられたという次第でございます。いきさつについてお話しいたしました。

田嶌　続きまして、あとちょっとだけ付け足しをお話しさせていただきます。みなさん、成瀬悟策先生も、神田橋條治先生もよくご存じのことと思いますので、細かいご紹介はいたしません。ただ、成瀬先生と神田橋先生とのオフィシャルな出会いというのは、おそらく、私の記憶では——違っていたらあとで訂正してください——当時、成瀬先生の主催で「催眠シンポジアム」というのを毎年やっていまして、一九七七年には「心理療法におけるイメージ」というテーマで行われました。そのときにご参加いただいたのが、神田橋先生、そして、河合隼雄先生、そのほか錚々《そうそう》たるメンバーの先生方でした。確か、私の記憶では、神田橋先生の仲介のために間に入っていただいたのが、今、会場におられます前田重治先生だったのではないかと思います。

　私がなぜそうしたことを記憶しているかと言いますと、そのとき、記録係で参加していたからです。シンポジアムが終わったあと、成瀬先生が「神田橋先生というのは頭脳が明晰だねぇ」と、そしてそのあと、「しかし、変わっとるなあ」と言われまして。

会場　（笑）。

田嶌　私は「いやあ、成瀬先生が人のことをそんなに言えるのかな」と思ったのですが……（笑）。

当時、私たちが九州大学と広島大学、京都大学とでやっていた「三大学院」という、年に一回ある大学院生の研修会、合同研究会がありました。神田橋先生には、その後、そこにご参加いただくようになりまして、私たち若い者が神田橋先生の薫陶をいろいろ受けることになりました。

それで、おそらくそのあとも、神田橋先生が催眠療法で著名なミルトン・エリクソン*に関心を持たれたりというようなことで、成瀬先生と何らかのコミュニケーションがあったのだと思います。そして、冒頭で大場さんが言及された鹿児島の「催眠医学心理学会」におそらく繋がったのではないかと思います。

はい。みなさん、どうもお待たせしました。今日は、お二人のやり取りを存分にご堪能ください。それでは、先生がた、よろしくお願いいたします。

表題に行く着くまで

成瀬　あなたが何を考えていたのかよくわからないので、表題について考えていた話をちょっとしてよ。

神田橋　最初に思ったのは、「どこへ行くのか、心理療法」。

成瀬　そうそう、それ、どんなことを考えていたの？

神田橋　今、心理療法を統合しようとする動きがありますよね。あまりに花盛りになったから、何か統合しようという話です。じゃあ、その統合というのは……。

成瀬　昔からあるんじゃないの、そういう考えは。

＊ Milton H. Erickson, 1901-1980. アメリカ臨床催眠学会の創始者。精神科医、心理療法家。心理療法に催眠を取り入れ、心理療法全般に大きな影響を及ぼした。

神田橋　ああ、そうですか。

成瀬　でも、あんまりものがなかったんだよなあ。

神田橋　何が？

成瀬　統合するようなものがあんまりなかったんじゃない？

神田橋　そうですよ。ねっ！

成瀬　それで、もう（統合は）できたの？

神田橋　今はもう、このテーマは終わっちゃった。

会場　（笑）。

神田橋　「どこへ行くのか」というのを考えたの。でも、あんまり良くないなと思ったんです。「どこへ行くのか、心理療法」、これは傍観者の言葉遣いだ。当事者なら「どこへ行こうか」だから、そちらのほうがいいだろうと思ったんです。

例えば、今日、この会と並行してスクールカウンセリングのシンポジウムがあるでしょう？　それでボクは「お客さんたちは、どっちのほうへ行くのかな」とか思う。それは、ボクが当事者じゃないから。だけど、みなさんは「どちらへ行こうか」「どこへ行こうか」と思ったに違いないと思うんです。当事者だからね。だから、ボクも当事者の一員としての題にしようと思って、後ろのほうをちょっと変えたんです。

成瀬　うん、もうちょっと具体的に、あなたが考えていることがあるんじゃないの？

神田橋　それは、もう、言っちゃうと、ボクがさ、ずーっと先生に惹かれているのは、先生が「動作」と言っていることね。「行動」でもなく、「行為」でもなく、「運動」でもなく。

成瀬　そうそう。

神田橋　「動作」と言っているところに行ってほしいと思っているんです、みんなに。「行ってほしい」と言うか、「行くはずだ」と思っているの。その前はどう思っていたかと言うと、「イメージ」というところにみんなが行くと、だいたい統合されると思ったんですよ。

成瀬　そうそう、うんうん。その前は精神分析をやっていたんじゃない？

神田橋　それが、だんだん、こうこう、来たんですよ。

成瀬　うん。

神田橋　「イメージ」を中心概念にしたいと思ったけど、「イメージ」は、少し言葉のほうに体重がかかり過ぎだと思うので。

成瀬　僕もそう思います。

神田橋　もう少し生物として、まあ簡単に言えば、遺伝子のほうにもう少し寄ったほうがいいだろうと思うと、やっぱり「動作」なんですよね。

「心」の治療になぜ「体」を使わないのか

成瀬　「どこへ行こうか」と言うから、可能性としてはもうあっちこっちにあるんじゃない？　「動作」と言うと、僕は自分でやっているから、それをやれと言われればいいけれども、そういう統合の中心になるような話になると、ちょっとどうかなと思うんですよ。

神田橋　うん、最近、香川大学医学部の石川元先生*が、「中間表現領域」という言葉をどこからか持ってきたのです。それは、生物の現象というのを、一番こちら側に遺伝子を

＊　石川元（一九四八〜）。香川大学医学部名誉教授。精神科医。描画療法と家族療法の普及に貢献。香川大学医学部附属病院子どもと家族・こころの診療部教授を歴任。

持ってきて、そして、（反対側の）一番こちら側に言語で構築されたものを持ってきて、その途中にある、いろいろな、「行動」とか「イメージ」とか「描画表現」とか、そういったものを全部「中間表現領域」というふうに考えるという、一つの考え方のことを言っています。

それに、ボクはちょっとヒントを得て、この言語と遺伝子の両端のどちらの表現でもあり、どちらへも働きかけるようなものを「統合」の中心に持ってこようと思ったのです。

成瀬　では、僕の話をちょっとやっていきますか。この頃考えたのは、「遺伝子」という表現はちょっと難しいのですが、「心」というのは、「体」が生み出して、「体」が育ててきたものだと思うんですよ。今までは、その「心」を、何かこう「心」のレベルだけで治療したり、援助したりしようとしてきたと思うんですよね。当たっているかどうかは知りません。僕の偏見でね。

「心」だけというのは、人間の場合にはあり得ないわけですね。「体」があって、しかも、そこから育ってきた「言葉」なり「意識」なりで、いわゆる「心」というのは、そこから出たのだから、なんで「体」というのを、もう少し治療なり何らかに入れないのだろうと思っているんです。

神田橋　それは、まだ今もそう思っておられる？

成瀬　今も思っています。

神田橋　あ、そうですか。最初の先生の出だしのところからそれだったじゃん。

成瀬　いや、出だしはそんなことを考えていなかったんだよね。

神田橋　そうなの？

成瀬　うん。

神田橋　出だしのところは、先生の本を見ると、そこへ「体」が出てくる。それがどこかからか……あれは、先生、最初からあったのかな、「主体」という言葉がどこからか出てくるでしょう？　「主体」はいつから登場したのですか？

成瀬　昔、催眠をやりだした頃に、「他者催眠」に対して「自己催眠」というものがあって、それをもう少し本気でやろうと思っていた時期がありました。そのときに、「主体」という言葉は使いませんでしたけれども、やっぱり自分で……つまり、心理療法というのは、本質的には自己治療だと、その頃は考えていたわけです。

神田橋　ああ、私も、ずっと遅れて、二〇年ぐらい前にそう思いました。今もずーっと。

成瀬　僕は五〇年ぐらい前です。

ただ、「自己催眠」とか「自己治療」ってアピールしなかったけれども、そういう本を出したんですよ。

神田橋　ああ、そうか……。

成瀬　そこそこは売れましたけれども、あんまり販売部数が伸びなかったように思うんです。だから、みなさんの関心があんまりなかったのかなという気が、その頃はしていました。それで、今もそう思っているんです。

神田橋　ああ、そうか。もうずいぶん関心が出ていると思いますがね。

成瀬　そうですか。

フォーカシングについて思うこと

神田橋　うん、思いますよ。例えば、フォーカシングなんていうのもそうです。ボクは、フォーカシングが大好きでさ、フォーカシングがようやく生命体のところに近づいてきているということがね。

成瀬　僕もそう思うんです。フォーカシングで、こう感じるところがあるわけですね。それで、フェルト・センス*まで行ったんだから、よくぞ行ったと思うんです。

神田橋　そこまで行ったのはね。

成瀬　うん。ところが、そこで「イメージを見ましょう」と、それを言語化しましょうというほうに行ってしまった。

神田橋　そうそう。また帰っちゃうわけね。せっかくこう来たのに、また帰って行っちゃうの。

成瀬　そうそう、そうなんですよ。だから、フェルト・センスからもう少し、体の感じとか、体と自分の気持ちなんかを合わせて、どうしてもうちょっと何かやらなかったのだろうかと思うんです。

神田橋　それは、ジェンドリンさん*は哲学から来ているから、哲学のほうへ資料を収集しようという初めのスタンスが間違っているんだよね。

成瀬　うん、そうかもしれない。もったいない。

神田橋　もったいないですよ。せっかくここまで来てね。

成瀬　僕もそう思うんです。

神田橋　先生は同意してくれると思うけれども、フェルト・センスの瞬間に生体が若干変わると思うんだよな。ところが、フォーカシングは、フェルト・センスのところまで注意が行ったことによって受ける生体の変化というのは無視だよね。

* （心理療法の）プロセスの中で立ち現われてくる漠然とした感覚のこと。それに丁寧に触れ続け、そこから意味を見出す一連のプロセスを心理療法の技法として体系だてたものがフォーカシング。

* 二二一ページの脚注参照。

成瀬　僕もそう思います。
神田橋　そこから情報を取っているだけです。
成瀬　あなたは「生体」と言うけれども、僕はただ「体」と言っている。
神田橋　「体」……うん。
成瀬　ちょっと言っているところが違うんですが。
神田橋　違う？
成瀬　まあ、お医者さんだからしょうがないか。
神田橋　ああ、しょうがないな（笑）。
成瀬　まあそこはいいんですよ。それで、この感じをなんで大事にしなかったんだと思うんですよ。
神田橋　ねぇ。なんで使おうとしないのかってね。
成瀬　それで、うちでは田嶌くんたちも同じように、それに増井君たちも、その頃、「イメージ」を一所懸命やっていたわけですよ。だから、非常にイメージ化することにアピールをしたんです。（田嶌先生に）ごめんね（笑）。
田嶌　（笑）。
神田橋　うん。

精神分析を受けてみた

成瀬　僕はもったいないと言うよりも、それは言葉を……、これはまた全然話が変わるけれどもいい？

神田橋　はい。

成瀬　初めて古澤先生*に、精神分析を受けに二年ばかり通いました。

神田橋　そうでしたよね。そうそう。初めから「やらない」って宣言してね。先生から聞いたもの。

成瀬　そうそう。「私は精神分析はやりません」と言ったんだけど、「でも、いらっしゃい」ということで行ったんですよ。

僕は非常に変わりました。自分で変わったと思っています。古澤先生のおっしゃる解釈は、どうもピッタリ来なかったんですが、自由連想そのものが良かったというのが僕の気持ちです。

神田橋　僕もそう思います。

成瀬　古い話ですが、約一時間（五〇分から五五分）くらいやるわけですね。それでも、話しきれない部分があるわけです。

神田橋　はい、はい。

成瀬　その分を、この次はやろう、と。一週間おきにやるのですが、この次にそれをやりたいと思って先生のところに行くんです。それが、実際やってみると、それとはがらっと変わっちゃうんですね。

神田橋　えっ、先生が？

成瀬　僕が。

神田橋　ああ、ははぁ。

成瀬　思っていた話が出てこないんです。それで、まったく別の話が自分の連想に出てくる。いつもそうなんです。ところが、ちょうどその頃、アグレッションが出始めた頃で、

＊　古澤平作（一八九七〜一九六八）。精神分析学者。ウィーン精神分析研究所に留学、フロイトに学ぶ。精神分析学を初めて日本の学問の中に導入した東北帝大教授・丸井清泰の門下。「阿闍世《あじゃせ》コンプレクス」理論を唱え、日本精神分析学会を創設し初代会長を務めるなど、日本に正統的精神分析療法を広めることに貢献した。精神分析学界における指導的立場にある多くの学者は、古澤の教育分析を受けた人々やその関係者である。

これはずーっと出てくるわけですよ。ところが、話題は全然違ったものが出てくる。

精神分析の人は、話題やその内容を非常に大事にしますね。

神田橋　はい、大事にしますよね。

成瀬　僕は、全然違ったものが出てくるというのは、本来、その内容はあんまり大したことがないのではないか、と。このアグレッシヴな気持ちと言いますか、これは、今になってみれば体のある種の緊張感だと思うのですが、ずーっと続いている。だから、大事なことは、自由連想の体験の内容ではなくて、その内容の感じ、その感じ方、そういうものが大事なんだと、その頃に思いました。

「言葉」よりも「感じ」を大事に

神田橋　もうずいぶん前でしょう？

成瀬　もう五〇年以上前です。

神田橋　五〇年以上前ですよね。

成瀬　それは今でも変わらないんです。それで、精神分析から離れちゃったのは、そういう内容——内容というのは、あなたがさっき言ったように、「イメージ」も若干それに近いものです——のほうを大事にしているから。それよりも、今感じているこの感じ（感情ではなくて）を大事にしないと駄目だなぁと。そういうふうに感じていたので、その内容とか言葉の端々は、あんまり僕は大事に思っていないのです。だから、フォーカシングが出たときも、なんで言葉に持っていっちゃうんだろうというふうに思いました。

神田橋　ねぇ、うん。

成瀬　だから、あの頃、村山（正治）君が一所懸命やっていましたけれど、僕は気に入らないわけですよ。それで、そういうディスカッションをしたことがあります。

神田橋　せっかくいいところまで来てるのにねぇ。先生は、「感情」というのがあんまり好きではないから、「さまざまな揺らぎ」というのはどうですか？

成瀬　「揺らぎ」……うん、それはあなたの発想だよな。まあいいです、「揺らぎ」で。

神田橋　いいですね？

成瀬　僕は「緊張感」と言いたいわけです。

神田橋　ああ、そうか。そうでしたね。それだと「動作法」と繋がってくるものね。

成瀬　そうです、うん。

神田橋　そうか、そうか。

「緊張感」について

神田橋　「緊張感」は、除去するものになっているのですか？　そこのところを僕は今日聞こうと思っていたんです。除去する対象になっているのですか？

成瀬　ならない。

神田橋　じゃないですよね？　「緊張感」は、どうなるんですかね？

成瀬　「緊張」って、体の緊張だから。一般の人の間では、緊張がいかにも心理現象のように扱われているんですね。緊張そのものは生理現象です。

神田橋　そうですね。

成瀬　その「緊張」を感じている自分がいるわけです。それを今「緊張感」と言う。「緊張感」というのはニュートラルでないので、例えば、アグレッシヴな、あるいは不安緊張感とか、恐怖緊張感とか、それから快・不快の緊張感とか。

僕はこんなにたくさん人がいると恐ろしいので（笑）、そういう緊張感もあるわけです。

神田橋　（会場に向かって）びっくりしたでしょう？

成瀬　景色を見れば、非常に爽やかだなあと感じている緊張感が……。

神田橋　あるわけですね。

成瀬　だけど、「緊張感」と言うと、すごく緊張しているように見えますけれども、その都度、その都度にある感じがあるわけです。それを全部引っくるめて「緊張感」と言う。

非常に爽やかなかすかな感じから、もう生きていられないぐらいの非常な緊張感とかまで、僕は、そういう感じを、体験の内容ではなくてその体験の仕方ですね、それら全体を引っくるめて「緊張感」と言ったほうが都合がいいなと思っているわけです。

神田橋　はい、よくわかります。

成瀬　そうですか。ありがとうございます。

神田橋　はい。それらが、どんなふうに「動作法」に結びついていくんですか？

「動作法」の考え方

成瀬　「動作法」というのは、治療をするのが目的ですから、一般的な話ではないわけです。例えば、脳や体には何の障害もないのに、体が非常に緊張したり、動きにくかったりする。それはなぜ起こるかと言うと、心に生活上の不適応があると……。

神田橋　「不適応……」何かもっといい言葉はないですか？

成瀬　うん、「不適応」と言っちゃうと……、「生活上の適応問題」がある場合に……。

神田橋　そうですよね。

成瀬　適応上の問題があれば、ほとんど必ずと言っていいぐらい、体に不調が起こる。それで、私どもが今「動作法」でやっているのは、この不調を自分で調整できるようにするということです。不調というのは、今の緊張の程度とか動きの問題ですね。それから、体の軸についてこの頃考えているのですが、おそらくそういうものが、その不調を調整できるようになると、それにつれて「心」も変わってくる。

神田橋　そうですね。

成瀬　ということなので、その不調を調整するときに、いつも「心」と「体」との、何かいい塩梅《あんばい》の調整が……どう言いましょうかね、まあ、調和的に一体的活動ができるようになってくるにつれて「心」は変わってくる、と。だから、「体」が変わるというときは——もっとはっきり言えば、「体」だけで動くわけではなくて「心」が動かしているのですから——それは「動作」の変化なのですね。「動作」の仕方が変わってくるというのは、「体」も変わるけれども「心」も変わってくるのだということです。だから、治療効果があったり、援助効果が有効になったりするのだというふうに考えているんですけれども、おかしいですか？

神田橋　いえ、本当にそう思います。さっきから先生が表現するのに困っているのは、「動作」というのは、「体」でもないし「心」でもないからですよね。

成瀬　「心」でもない、そうなんですよ。

神田橋　その不可分の……。

成瀬　そうそう。

神田橋　ほら、「心身一如」。一如、一如、一如と言うけどね。
成瀬　これは池見さん*の言葉ですが。
神田橋　ねぇ、「一如」と言うけれども、実体はないじゃないか、ただ、言葉しかないじゃないか、と。
成瀬　そういうこと。ところが実際には、これぐらいはっきりしたものはないわけです。
神田橋　だから、そこのところで、「一如」というただの言葉のスローガンでないようにするための方法として、「動作」という言葉を用いればいいだろうと、ボクは思っているんだ。
成瀬　うん、そうなんですね。
神田橋　だから、ボクは先生のファンなんだな。
成瀬　ああ、そう（笑）。
神田橋　（笑）。

命は本来、考えたり論じたりするものではない

成瀬　「動作」というのも、従来みんな考えてこなかったのではないかという気がするんですよ。「体」が大事だということで、心理の人も精神科の人も、心療内科でも、まあ池見さんもそうだったのですが、実際には「動作」みたいなものを考えたと思いますけれども、具体的にそういうものを扱う方法を考えてこなかったのではないか、と。
神田橋　そうです、はい。
成瀬　今、私どもは、具体的にそれを「扱う」ことができるようになりました。

＊　池見酉次郎（一九一五～一九九九）。九州大学医学部名誉教授。医学者。三浦岱栄《みうらたいえい》とともに日本心身医学会を発足、九大医学部に日本初の心療内科を創設した世界的な心身医学の権威。甥は臨床心理学者の池見陽。

神田橋　うん、うん、そうです。

成瀬　そこが違うんじゃないかと思うんです。

神田橋　「扱う」ことをせずに、ただ考えるから離れちゃうんですね。

成瀬　そうだと思います。

神田橋　実体からね。

成瀬　扱わなかったと言うより、扱えなかった、と。

神田橋　方法を開拓しようとしないから。

成瀬　うん、そう思っているんですけど。でも僕がそう言っても、あんまりみんな賛成しないね。

神田橋　そう。それはねぇ、難しい。そこが大事なところだと思いますけどね。ボクは、「考える」ということと、それを少し発展させた「論ずる」ということ、この作業が心身分離のイメージをつくり出すんだと思うんです。

成瀬　うん、そうかもしれないです。

神田橋　だから、「命」というものは、本来、考えたり論じたりするものではないと思うんですよね。

成瀬　そう思います。

神田橋　ねぇ。

成瀬　うん。

神田橋　それを、論じたり考えたりするものだから、その取り扱いどころではない。あれがこうで、これがこうで、こうして……と、模式的なイメージがどんどん発展して。

成瀬　そう。

神田橋　それらは役立たずですよね。
成瀬　具体的には、やっぱり動くとか、動かすとかいうことですね。「動く」と言うと、簡単な運動みたいに思われるんですけれども、「心」が動いているときも「体」は緊張したり動いたりしているわけですよ。生きているのだから、物を考えたり、見たり、感じたり、何かこう大きく体を動かしたりするのは、みんな引っくるめて「動作」と言うのです。
神田橋　ですよね。はい。
成瀬　なのに、例えば、「知覚」とか「イメージ」とかいう言葉になっちゃってると思うんですよ。「イメージ」を見ているときに、やっぱりイメージなりに緊張の程度が違うんです。
成瀬　ああ、見えるなというのと、今、現実にこう感じているイメージ、もう本当にそこにあるように思っているイメージ、全部緊張感と繋がっている。
神田橋　うん、そうです、ええ。
成瀬　その緊張感というのは、動作の感じなんですよね。そういうものをどういうふうにして扱ったらいいかということが、今、問題になっているのかなと思うんです。

「心」は「動作」によってつくられる

神田橋　先生の一番新しい著書*を送ってくださいましたね。そこでは、こんなふうになっていませんでしたか？
「動作」によって「心」もつくられていくようになる、そうですね？

＊『からだとこころ——身体性の臨床心理』誠信書房、二〇〇九

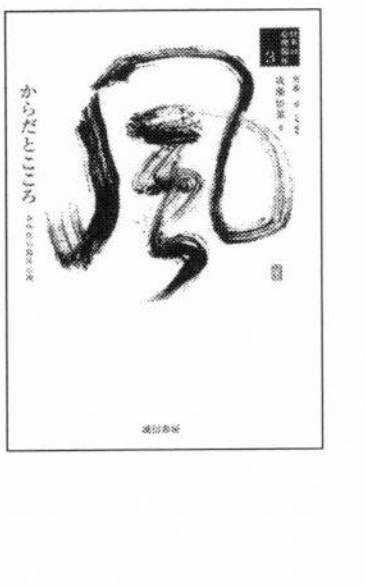

成瀬　そうです、そうです。

神田橋　「心」が「動作」を生み出しているわけではない。

成瀬　そうなんです。

神田橋　「動作」によって「心」というものがつくられていくわけです。そうすると、「心」と言っているのは、先生のおっしゃっている「主体」と同じだということでいいですか？

成瀬　うん、そうだと思いますよ。

神田橋　先生の本の最後のほうでは、「動作」によって「主体」がつくられていく、となっていますね。

成瀬　うん、そう思っていますけど。

神田橋　そうですねぇ。

成瀬　その一番のもとは赤ちゃんです。

神田橋　そうそう、赤ちゃんなんですよね。

成瀬　昔の発達心理学の教科書を見ると、赤ちゃんは、めちゃくちゃに動いていると書いてあるんですよ。私の先生もそう言ったり書いたりしていましたが、本当は、非常に目的的な活動をしているんですね。もともと、動くように生得的なものを持って生まれているわけです。それは、動いたり葛藤するための装置ではあるわけですが、その装置だけでは動かないですよね。

それを働かせるような力がある。具体的に言えば、赤ちゃんの「いきみ」です。赤ちゃんはいきみますね。赤ちゃんは、産まれたときに産声を出す必要がある。産声は、呼吸の装置であるわけです。生きなくてはならないから、産まれたときに精一杯にいきむわけですね。
　最も単純なものがいきみで、それがだんだん分化してと言いますか、おっぱいを吸う、排泄する、それから原始反射運動みたいなものをどんどんしていく。全部もともと内蔵されて生まれてきているので、それを動かしているわけですね。そして、それらを動かす中で「心」が出てくる。

神田橋　うん、そうですね。

成瀬　はい。それは、「体」を動かす中で出てくる。ですから、さっき言ったように、やっぱり「体」が「心」を生み出し育ててきたんだと思うんです。

神田橋　ボクもそう思います。

「主体活動」のない生き物はいない

神田橋　ところで、今、先生がおっしゃったその最後の台詞、「体」が「心」を生み出してきたという台詞から、先生に質問があります。

成瀬　はい。

神田橋　今日しようと思っていた質問です。先生の、「体」から「心」が生み出されてくるというところ、そこに進化論をくっつけることは可能ですか？

成瀬　うん、それはいいんだけど、どういうことを考えるのですか？

神田橋　例えば、サルの「心」とかね。それをずっと遡って行って、ネズミの「心」、そして、ミミズの「心」。

成瀬　でしょう？　僕はミミズも同じだと思うんですよ。

神田橋　アメーバの「心」。

成瀬　そうそう。

神田橋　ね！

成瀬　うん。

神田橋　先生もそう思っている？

成瀬　うん。

神田橋　ああ、じゃあ同じだ。

成瀬　それは「主体活動」という意味でね。人間で言えば「心」ですけれども、それを全部含めれば「主体活動」ですよ。

神田橋　「主体活動」ですよね。

成瀬　「主体活動」がない生き物というのはいない。

神田橋　うん、いないですね。そうだと思います。ボクは近頃ずっとそう言い続けているので、それが先生と合うのかなと思って聞いてみたの。うれしいです。

成瀬　あんまりあなたが賛成してくれるから、ちょっと困るんですけど（笑）。

神田橋　先生のアグレッションの行き道がないものね。

会場　（笑）。

日常生活の中にある生きるための力、それが「緊張感」

神田橋　創造性が発揮されたときは、何かが壊れるわけだから。

成瀬　ああ。

神田橋　「アグレッション」という言葉をボクはあまり好きではなくて、それは「創造性」だと思うんです。創造性は何かを壊さないと創造にならない。だから、……。

成瀬　それはいいんです。考え方だから。

神田橋　考え方だからね。「アグレッション」という言葉が、「積極性」とか何かそんなふうな……。

成瀬　そうです、そうです。「積極的」というのは非常にアグレッシヴでもあるわけですよ。

神田橋　創造性がいきんだときに（笑）、積極性がありますよね。

成瀬　あなたは直感的にいろいろ思いつくじゃない？　僕は、いくら頑張っても、直感的にいいアイデアが出ないんですよ。

神田橋　ありゃ、そうですか？

成瀬　ずーっとあとになってから思いつくわけです。あなたはパッと感じるらしいんですけどね。

神田橋　そうでもないけど（笑）。

成瀬　それで、そういう（創造的、積極的な）感じが出るときには、やっぱり「体」が動いているんですね。

神田橋　そうですね。

成瀬　赤ちゃんのいきみと同じ、あれは最も原初的な生きるための力ですが、それのもっと薄いやつがいつも日常生活の中にある。それが、私が「緊張感」と言っているものなんですよ。

神田橋　いやぁ、それは、ほとんど当てはまる言葉がないんです。「生命力」と言ってもいいんだけど。

成瀬　「生命力」がもとだと思うんですよ。

神田橋　当然、そう思うんですよね。

「論」では伝えられないもの

神田橋　今日バスでここに来るときに、ずーっと結論みたいなことを考えていたんです。それは、「どこへ行くのか」ということ。

成瀬　うん。

神田橋　「どこへ行くのか、心理療法」とね。心理療法の統合の中心は何かと言うと、やはり論ずることができないというところが中核で、その周りに、だんだん、だんだん、論ずることができる付加物の世界がある、と。

成瀬　それをもうちょっと話してください。

神田橋　例えば、こういうことです。田嶌先生が、イメージ療法をやるでしょ。そして、みんなに教えたりするでしょ？

成瀬　はい。

神田橋　教えるときは、論じているわけです。だけど、治療をやっているときは、その論ずるものでないものがいっぱいそこにあるわけです。

成瀬　あるでしょうね。

神田橋　では、そこは、もちろん先生の「動作法」で説明できるような領域やら、命の領域やらいっぱいあるけれども、これを論じだすと……いや、論じないと、大学教授になれないんです。

成瀬　そうですね（笑）。

神田橋　ねぇ。それで、論じだすと、だんだん実体ではなくなっていく。じゃあ、論じることができない場所というのは何かと言うと、「現場」だよな。だから、先生は近頃、パフォーマンスで催眠をしたりするでしょう？

成瀬　はい。

神田橋　それは、パフォーマンスというものは現場だからね。

成瀬　そうです。

神田橋　「論」では捕らえられないし、伝えられない現場を伝えるために、先生は、どうしてもパフォーマンスが必要なんだというふうに思った。

成瀬　うん、それはありますね。

神田橋　バスの中で、「今日はそれを話そう」と思ったの。

分析を受けるとアグレッションの力が出てくる

成瀬　精神分析を教わりに行ったあのときの感じですが、僕は、あの頃は大変アグレッシヴであったらしくて、アグレッションという力が出ているわけです。それを言葉で言語化すると、いっぱいあるわけですよ。だから、それが毎週毎週、違った形で出てきているだけだと思うんですね。

「坊主憎けりゃ袈裟まで憎い」と言いますけれども、憎いのが本当の部分で、相手は袈裟でも、坊さんでも、仏様でも、何でもいいんですよ。それを言語化すればアグレッションが落ち着くかと言うと、これが落ち着かないんですよね。

神田橋　まったく落ち着きませんか？　少しぐらいは？

成瀬　ちっとは落ち着くんですよ。

神田橋　ね。

成瀬　うん、そりゃ、しゃべるんですから。しゃべっているときにアグレッシヴになるんですよ。だから、その部分ぐらいは片がつく。

神田橋　そうでしょう。そうだと思います。

成瀬　これは非常にプライベートな話ですが、ちょうど私がそんなことを考えていた頃に、もう亡くなっちゃいましたけれども土居健郎さん*とそういう話をしたいと思っていたんです。土居さんはね、古澤先生*と意見が合わないんですよ。

神田橋　そうだったです。はいはい。

成瀬　それで、古澤先生に黙ってアメリカへ行っちゃたんですよ。メニンガー・ファウンデーション（Menninger Foundation）に。それで、古澤先生はすごく気に入らないわけです。

神田橋　はぁはぁ（笑）。

成瀬　それでね、古澤先生が僕の分析の時間に、土居健郎はこんな悪いやつだといっぱいしゃべるんですよ（笑）。それを僕が全部引き受けるわけです。僕はちょうどアグレッションが出始めたときだった。しゃべって、そこは落ち着くんですが、大学へ帰ると、今まで院生と一緒に仲良しでいたのに、妙に「遅く出てきやがって」とか、もう「アホ面して来やがって」とか、こういう感じがするわけですよ。なんだか、めちゃくちゃ怒っているわけです。でも自分で、なんでこんなに怒るんだかわからないわけです。

途中でふっと、古澤先生の分と自分のアグレッションとが一緒くたになっていることに、やっとこさ気がついた。

＊　土居健郎（一九二〇〜二〇〇九）。精神科医、精神分析家。東京大学名誉教授。他人に依存的な日本人の精神構造を「甘え」として解き明かした著書『「甘え」の構造』は一二〇万部を超えるベストセラーとなった。

＊　一二九ページの脚注参照。

神田橋　そうですね。

成瀬　出口がないからそこへ出ているわけです。これは注意せにゃあいかんなぁ、と。

神田橋　あれっ？　そこが先生らしくない。ここは先生なら、「そんなふうになるから、これは大発見だ」と（笑）、「これは使えるぞ」と。

成瀬　いやあ、いや、それは発見はしておりますよ。でも、遠慮していましたよ（笑）。

神田橋　注意しなきゃいかんというのは……。

成瀬　分析するときに、ほら、ちょうどアグレッションが出てきて、それで上役と喧嘩したとか、そういう人がいっぱい出てきました。

神田橋　そうですね。

成瀬　それで、そのことに非常に注意をしたということはあります。

神田橋　うん、ありますよね。

自分の中の「甘え」の発見から、日本文化論へ

神田橋　ちょっと本題と外れますけれども、土居先生がこうおっしゃったんです。メニンガーに行って、まずそういうことで来たんだという話をしたら、「おまえはデリンクエント（delinquent）だ」と言われた、と。どういうことかと聞いたら、「おまえは自分の治療者ときれいに終結をしないで、黙って来たんだ」と。

成瀬　（笑）。

神田橋　それは大変なアクティング・アウトで、ほとんどもう精神分析を学ぶ資格がないというようなことを言われて、それから、土居先生は「甘え」を発見するんです。

成瀬　ああ、そう（笑）。どういう関係があるの？

神田橋　それは自分はやっぱり古澤先生に甘えていたんだ、と。「先生、もう嫌っ」「私、あっちへ行く」とか言って来るのは、日本的な自分の心性から言うと、こんなふうにみんなから指弾されるようなことではないと思っていた。けれども、それは「精神分析」という考え方で言えば、確かに、関係を終結もしないで、「もう嫌」とか言ってやって来たのは、やっぱり変だと思って、そこから、自分の「甘え」を発見していった。

成瀬　へえ、そんなことを言っておられるの。

神田橋　はい、そうおっしゃっていました。

成瀬　そうですか。

神田橋　だけど、日本人としてはそんなのは普通じゃないかと思って、それから、日本人というのは「甘え」を生きる文化なんだということを考えつかれるわけです。

成瀬　ほぉ、そうですか。

自由連想はすばらしい

神田橋　ボクはね、成瀬先生から直接、古澤先生の話を聞いたことがあるんです。

成瀬　何のこと？

神田橋　まだボクが三〇歳ぐらいの頃じゃないかな、「私は精神分析をやる気はさらさらない」と宣言した、と。

成瀬　そうそう。

神田橋　「だけど、体験をするということは今後大事だから、実験的に体験として自由連想法によるものをしたい」と言ったら、古澤先生が「ああ、いいですよ」と言った、と。

成瀬　そうです、そうです。

神田橋　古澤先生も、「大したものだ」と、そういうふうにおっしゃった。

成瀬　それを受け入れていただいて、やっぱり非常に良かったと思います。

神田橋　そうですね。

成瀬　ただ、あんまり先生についていけなかっただけで。

神田橋　そうですよね。

大場　ちょっとだけ、すみません。

神田橋　はい。

大場　先生、古澤先生のところに、どれくらい精神分析にお通いになったのですか？

成瀬　一年半、二年弱です。

大場　二年弱。

成瀬　うん、毎週。

大場　毎週。やっぱり教育分析という形で？

成瀬　そう、教育分析。

神田橋　そうだったのかな。

大場　教育分析ですか。

神田橋　だけど、精神分析をやる人は、そこでこんな連想をするのよ。土居先生に対する怒りがあるでしょう、ね？　離反していったことへの怒りが。

成瀬　あっ、古澤先生に？

神田橋　古澤先生の側に。

成瀬　いや、その怒りはすごいですよ。

神田橋　ね。そうしたら、初めっから「先生の弟子としてついていく気はないんだ」ということを、つまり初めっから離反したところから始めている先生に対して、土居先生に対する気持ちが、転移すると言うかね。

成瀬　出しやすかったんじゃないか。

神田橋　そうですよ。

成瀬　うん、だと思いますね。

神田橋　同類だと思って（笑）。

成瀬　（笑）なるほど。

神田橋　同類だと思うけれども、「おまえはけしからん」と言うわけにいかないですよね。最初から、「実験的に体験としてやるのですが」と言われてるから。

成瀬　そうそう。

神田橋　それで、「いいですよ」と言ったときは、ちょっと無理して鷹揚に受け入れた。その無理の部分が出てきて……。

成瀬　（笑）そうかもしれませんね。

神田橋　「おまえも土居の仲間だろう」とかいうような感じが、無意識に出てきて。

成瀬　いやぁ、古澤先生はそう思っていらしたかもしれませんね。中へ引き込もうという気があったかもしれません。

神田橋　そうですよ、きっと。

成瀬　私は、非常に気が楽であったのですが。しかし、不思議ですねぇ。私が最初に書いた『催眠面接の技術』*という本は、少し我に返って見ると、あまりにも精神分析寄りだっ

＊『催眠面接の技術』誠信書房、一九五九

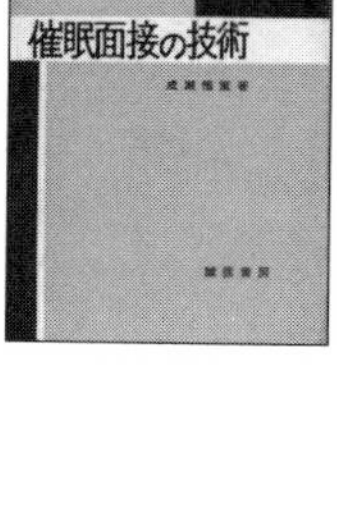

たのですが、これはすごく売れました。何十版（刷）と出ました。

神田橋　ああ、僕も持っています。

成瀬　うん、四〇刷ぐらい出たんじゃないかな。

神田橋　ああ、そうですか。

成瀬　それで、それを、まだ出よったのに「あまりにも精神分析寄りで恥ずかしいから、もう絶版にしてくれ」と言ったら、「それでは、何かほかのものを書いてくれ」と言われたので、『催眠面接法』*というばっちりした本を書いたら、これは全然売れませんでした。

神田橋　ああ、僕も持っていないですよ（笑）。

成瀬　（笑）。やっぱりずーっと知らんうちに精神分析の考え方に、陥っていたんでしょうね。

神田橋　そうですね。何かひどく魅惑的なんですよね。僕はもうずーっと魅惑されて、五〇年ぐらい魅惑されて、まだ続いていますよ。

成瀬　そうですか（笑）。

神田橋　だけど、さっき先生がちょっとおっしゃったのでうれしかったけれども、「自由連想」は、精神分析が残したいいものだと思いますね、あれはね。

成瀬　ああ、僕はとても効果があったと思います。

神田橋　あれはいいものだった。あとはまあ、そこそこいいと思う人はやったらいい。

成瀬　（笑）。

精神分析の天才を苦しめた力

*『催眠面接法』誠信書房、一九六八

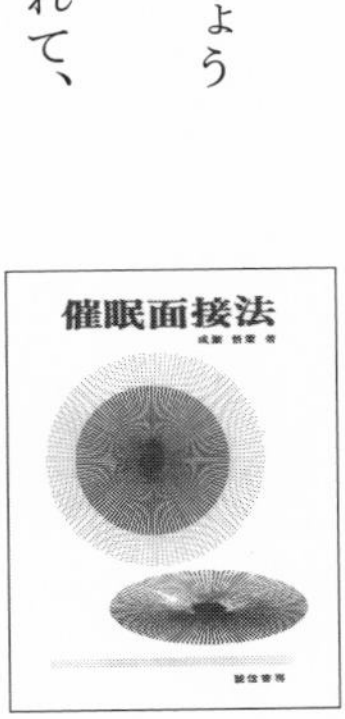

成瀬　蔵内（宏和）君*という非常に優秀な人。

神田橋　はい、ああ、イギリスで学ばれた。

成瀬　前田（重治）君と二人が若い頃にうち*へ来ていたのですが、蔵内君が、「成瀬さん、この頃男性的になったねぇ」と言うんですよ。

神田橋　ほぉ。

成瀬　だから、きっと僕はすごく女性的だったんじゃないでしょうかね。

神田橋　へぇ。蔵内先生というのは、何か透視術みたいに人の心の奥のところがわかる人で……。

成瀬　ああ、あなたと似ていたよ。

神田橋　えっ、そうですか？

成瀬　そう。

神田橋　そうかもしれない。蔵内先生は、ボクをとても愛してくれまして、いろいろ助言してくださった。

成瀬　いや、似ている。彼もピッとこう……。

神田橋　ああ、そうか。

成瀬　うん。あの人はすごい人でしたね。

神田橋　ええ、すごい人でしたね。最後、蔵内先生はこういうことをおっしゃったんです。「僕は、精神分析のことを考えさえしなければ、精神が健康でおれるんだ」と。

会場　（笑）。

成瀬　何回も入院された。

* 蔵内宏和（一九二六～一九八九）。前田重治との共著に『現代催眠学』（慶應義塾大学出版会、一九八一）がある。
* 「うち」とは、東京教育大学のこと。

神田橋　そうそう。だから、それは辛いよなあと思ってね。精神分析の天才のような人が、自分はそれを考えると「うわーっ」と連想がわいてくる。

成瀬　そうらしいですね。

神田橋　それで、入院して。

成瀬　あれは、すっかりのめり込んじゃうんでしょうね。

神田橋　やっぱり何か恐ろしいものですね。精神分析は、バカにならないですね。

成瀬　でしょう?

神田橋　有害文化としては大したものですよ（笑）。

成瀬　だから、やっぱり途中で「こりゃいかん」と思って、僕は脱出したんだと思いますよ。

深みに落ちて、そこからどう立ち上がるか

田嶌　神田橋先生が、蔵内先生にまあ似ていらっしゃるということですが……。

成瀬　うん、そう。

田嶌　それが、神田橋先生は入院されることもなく今こういう姿でおられる。この分かれ道になったのは、どういうことでしょうか?

成瀬　途中で、この人も我に返ったのではないかと思う（笑）。

田嶌　そこのところをちょっとお聞きしてみたいなと思って、どこで我に返られたのか。

成瀬　ああ。あなたは精神分析にどっぷり浸かっていたんじゃない?

神田橋　そうですよ。

成瀬　でしょう？

神田橋　ええ。

成瀬　だって、西園（昌久）君のお弟子さんですものね。

神田橋　はい、そうです。きっかけは、患者さんが全部悪くなったからですね（笑）。

成瀬　そんなバカな（笑）。

神田橋　みんな悪くなった。近頃は、もう上手になって、全力フル投球しませんから、悪くなるのはスーパーヴァイジーだけですね。

成瀬　（笑）。

神田橋　スーパーヴァイジーは、みんな心身症が起こって大変ですけど。一番ひどく大変だったのは、一番初めの増井（武士）さん。僕はもう一所懸命やったので、それで増井さんはむちゃくちゃになってしもうて……。

成瀬　そんなバカな（笑）。

神田橋　それは、僕が惚れ込んだものだからね。この人は天才だと思ってね。うん、やっぱり天才でした。

成瀬　やっぱりそういう魅力があるんですか？

神田橋　ああ、魅力がありますね。

成瀬　僕もずーっと、なんだかずいぶんいい意味で深まっていったような気がするんですよ。

神田橋　彼は、今日来ているのかな？　本当に天才だと。ボクが惚れ込んだものだから、ごめんなさい。

大場　そのことを増井先生は書かれています。

神田橋　もう書いている。

成瀬　どのことを？

田嶌　ひどい目に遭ったと書いているの？（笑）。

大場　神田橋先生からスーパーヴィジョンを受けていた日々をお書きになっています。

成瀬　それで、どうだったって？

大場　いや、それは（笑）。

田嶌　僕は読んでいないんです。

大場　ああ、読んでいないんですか。

成瀬　それで？

神田橋　著作集の中に出てきますね。

大場　のちのち書かれた本の……。

成瀬　増井君は、彼のことを書いているの？　それとも、増井君自身がそういう何かあったということ？

大場　増井先生がこの事例をするときに、神田橋先生からスーパーヴィジョンを受けながらやりましたということで、こういう影響を受けましたということを書いておられたと、確か、思います。

成瀬　どんな影響を受けたの？

大場　（笑）。

神田橋　何かいっぱい。ああ、それと、スーパーヴィジョン体験だけを書いているのもあったじゃん。

大場　ああ、それもあります。一時期は混乱しておられたと思います。正直に。

成瀬　いや、それは混乱するよ。ねぇ。

大場　深みにはまっておられましたですね。

成瀬　そこで、どのぐらい立ち直るかが問題だな。

大場　ああ、深みからですね。

成瀬　うん。

神田橋　それは、僕は自分の見立てが間違っていなかったと思いますね。

成瀬　しゃべれるようになったんですものね。

神田橋　やっぱり彼の天分が開花して。しかし、残念ながら、増井さんの精神療法を受け継ぐ人がいるのかね？　あれは天才の精神療法で、ものすごく重症な人が良くなりますからね。支えられて、社会でやれるようになるから、あれはちょっと誰も真似ができないでしょうね。

成瀬　なるほど。

理論を介さない観察から、「体」に注目

田嶌　神田橋先生にもう一つ質問です。先生が精神分析をずっとやってこられて、そして、途中から大きくシフトされる。例えば、「体」という、成瀬先生と話が合うというようなところに、ある程度変わってこられたという印象があるんです。実際に、「体」のことか、先生のシフトするご体験は、どういうものだったのだろうか、と。

神田橋　やっぱりあれでしょうね。パデル先生*とお会いしたことでしょうね。

田嶌　パデル先生と。ああ、イギリスの。

＊　四一ページの脚注参照。

神田橋　パデル先生とお会いするまでは、ボクは、そこそこ日本の精神分析の学会では論客で知られていたんです。

成瀬　（笑）。

神田橋　ところが、パデル先生のところへ行って、ごく簡単な日常語でぱっと質問されたりすると、その構築したものがガラガラと壊れるんです。結局、なんにもなくなっちゃって、あのときは悩みましたねぇ。だいたい才能もないくせにこんな道を選んだのは、とんでもない間違いで、これは人生を失敗したと思ったりしていましたね。

ああ、今俺は一六歳だけど、今後どうして食っていこうかとかいうテレビ・コマーシャルがあったけれど、あんな心境でしたなぁ。日本に帰って何をして食べていこうか、と。まあ大変でした。

それから、「理論のフィルターを介さない観察」ということに注目するようになった。このフィルターがかからない観察とか所見というものは、どんどん、どんどん、体のほうに行っちゃうわけですよね。

ボクは、しゃべくりでいろいろファンタスティックな世界をつくるのは、子どものときからうまいから。

成瀬　そうなんですね。

神田橋　そうすると、信用ならんのですね。しゃべりはね。

成瀬　いや、そんなことはないけど。

神田橋　それで、人のしゃべりも、「この人もうまいことを言っているだけじゃないか」とか思ってね。そうすると、こう観察して……特に生理的観察になりますから、一番観察できるものは、筋肉の活動、姿勢、それから、皮膚の色艶とか、そんなものですよね。

それで、だんだん「体」のほうに行くようになった。「体」のほうが実で、「言葉」に近づくほど作り物と言うか。

成瀬　うん、だんだん「虚」になってきますね。僕もそう思います。

神田橋　ね、「虚」の世界になるという感じですね。

成瀬　今はね。昔はもう少し「言葉」とか「イメージ」とか、一所懸命やりましたけど。

神田橋　そこで、この一〇年ぐらいの間に考えたのは、「言葉」というのは、「虚」というけれども、人間しか言葉を自由自在に使えない。だから、人間が人間であるという、もう進化論から外れてしまった人間という存在にとっては、「言葉」が最も大事なんですよね。健康なんかクソ食らえで、まず、健康を害しても「言葉」が大事だ、と。

成瀬　それはありますね。

神田橋　ね、それはありますよね。

西洋ではなぜ「言葉」が重視されるのか

成瀬　でも、僕が不思議に思うのは、ヨーロッパでは、伝統的に「言葉」が最も基本だという発想がありますね？

神田橋　ええ、あります。

成瀬　それが、心理療法の分野にいっぱいあるわけでしょう？

神田橋　そうですね。

成瀬　全然ないわけではないけれども、なんで「体」という、今、僕たちがやっているような発想ではないものが多いんですか？

神田橋　そうですねぇ。
成瀬　ヨーロッパ、アメリカでは、どうして「言葉」が中心になっているのでしょうかね？
神田橋　まあごく流布している考えで言うと、「言葉」を使っているときのほうが、人間は神に近いんですよね。神様のほうに近い。「言葉」を使わないと、獣のほうに近い。それは嫌なんでしょうね。
成瀬　進化論か。
神田橋　ええ。でも、日本的な、東洋的な文化の中では、動物のほうに近いことが、そんなに情けないことではないです。だから、そこがちょっと違うかなと思います。西洋には一所懸命自分の中の獣性というものを払拭したいという文化があるので。
成瀬　あるんでしょうかねぇ。
神田橋　ええ。その手段としては、やはり「言葉」に勝るものはないと思いますけど。
成瀬　でも、その心理的な問題が、「言葉」で片づくんでしょうか？
神田橋　そうですね。例えば、ガス室に送られるときなんかは、もう現実状況は解決しようがないですから、そんなときは、言葉をこういろいろ考えて、それを説明したり納得したりすれば、まあいくらか心静かにガス室に行けるのではないですかね。
成瀬　そうなる？
神田橋　なると思いますよ。どうもなるみたいですよ。信仰の言葉があるからこそ、天草で、温泉の熱湯をかけられてもキリシタン信仰から転ばないでやれるんだもの。やっぱり人間はすごいと思いますよ。
成瀬　うーん。
神田橋　ね。あれは健康とは思えませんものね。だんだん焼けただれていくのね。だけど、

「やめて」とか言って転ぶよりは、やっぱり言葉でつくった世界のほうを大事にするというのが人間というものの素晴らしさです。

成瀬　人間らしいというね。

神田橋　人間らしいんだと思いますよね。そう考えると、「初めに言葉ありき」というのは成り立つのですね。

成瀬　そうでしょうね。ずーっとそうですものね。

理論よりも実感的な体験のほうが大切

神田橋　やっぱりボクは、西洋の歴史のほうが生命体としての人間の残虐性の歴史がたくさんあるように思います。

成瀬　あるかもしれないですね。

神田橋　ええ。だから、残虐性は全部獣がやっているので、ちゃんと人間らしくなればあんなことはしないんだというのは、あべこべじゃないんですかね？　わかりません。

成瀬　言葉って非常に抽象的でしょう？

神田橋　はい。

成瀬　具体的でないですよね？　抽象的だから、私の仲間にもいるのですが、理屈は非常に多いんです。でも、いろいろ問題が起こったりして苦しんでいるみたいですね。やっぱり、もう少し具体的と言いますか、実感的な体験というのが、もっと大事なのではないかと思うんですよ。

神田橋　こんなところで言ってはいかんようなことですけれども、心理学の理論構成がばっちりできている先生は、体調があまり良くないね。

会場　(笑)。

成瀬　(笑)。

神田橋　体調が良くない。というのは、そんなにばっちり構築されたようなものは、論じている本人の生理との繋がりが切れて出来ているので、不健康だよなあ。

成瀬　だけど、あなたが言うような、心理学でばっちり出来上がっているような人は、見たことがないよ。ただ、信じ込んでいる人はいますよね。

神田橋　ああ、そうか。その言い方のほうが正しいな。ボクはそれほど毒舌家ではないものだから(笑)。

成瀬　うん。

神田橋　「信じ込んでいる」というのは、ほとんど自己催眠ではありませんか?

成瀬　そうですよ。

神田橋　ほかの人は信じないで、自分一人が信じて。

成瀬　うん。心理学の実験をやりますね、みんなそれぞれに。ひと頃《ころ》、私が一所懸命やっていた頃に、行動主義心理学が流行《はや》ってきました。それで、ネズミの実験をやる。そうすると、ディスカッションが二つに分かれるわけです。この実験者はこっちの立場でやっている。あの人はあっちの立場でやっている。細かいことなど、いっぱい条件をつくってお互いにやっているのですが、しばらくすると、もうアメリカでもそんな実験はやらなくなっちゃう。そうすると、これは跡形もなく消えちゃうんです。そういうディスカッションは、なくなっちゃうんです。

神田橋　少しぐらい何か残るとか。

成瀬　なんにも残らない。そういう印象を持っているんですよ。

神田橋　まあ、きれいと言えばきれいですよね。打ち上げ花火みたいにバーンと。

成瀬　いや、もともと、どうでも良かったような問題を一所懸命やっていた。信じているかどうかは別ですけれども、自分の立場というのを、これは一所懸命やっているわけですよ。だけど、そのディスカッションは、何か非常に無駄だったねというようなのが実験心理学にはたくさんあります。

神田橋　ディスカッション技術のトレーニングが残る。

成瀬　まあ、そういうことはあるのでしょうね。細かい細かい条件を入れればいいんですからね。

神田橋　そして、あとは、若い人が何か論文を出してきたときに、キューッといじめる。

成瀬　そうです。論文にはなるわけです。論文にはなるけれども、役に立たないんですね。

動作法の本質は自己治療――最後まで治さない

神田橋　この話は、もうどんどん発展するからやめて（笑）、先生に聞きたいと思っていたことがあるんです。先生の「動作法」は、働きかけるという点がクローズアップされていますが……。

成瀬　いや、そうじゃないです。

神田橋　そうじゃないですか？

成瀬　自分がしたいときに活動をする。だから、状況に必要な動きを自分がするんだ、と。

神田橋　そうですね。

成瀬　だから、治療も自己治療が本質だ、と。

神田橋　ああ、そうなんだ。

成瀬　そう思っているんです。ただ、自分ではできない部分があるわけです。それを言葉で納得したりするというのもなかなか大変で。言葉は嘘をつくから、余計信用できないですね。

そのときに、この具合の悪い部分を見ると、さっき言ったように、体の不調があるわけですよ。体の不調というのは、体のどこかにあるわけですね。ご本人もわからないでいるし、それをどうやったらいいかもわからないので、「少し援助しましょう」というだけなんです。

神田橋　そうです、そこのところ。不調を本人はわからないでしょう？　それで、セラピストのほうはわかるのですか？

成瀬　うん、体をみればわかるんです。

神田橋　みると、わかるんですか？

成瀬　細かくみれば、心に問題がある人は、もうほとんどと言っていいぐらい。

神田橋　わかりますよね。

成瀬　うん、例えば、肩凝りのない人ってほとんどいませんよね？　それから、腰痛もあるでしょ？　今われわれは肩凝りを治すことはできる。そうすると、目の色まで変わってきます。生活も変わってくるわけです。生活も変わるし、ものの感じ方も変わる。でも、僕は、全部治してしまうまでやることはないと思っているんですよ。

神田橋　うん、そうですね。

成瀬　例えば、こういうことがあります。私が生まれて初めて心理療法をやったのは、おねしょの子なんです。中学一年生。毎晩もう大量のおしっこをするので、畳が腐っちゃうから板の間に寝かされている、そういう子でした。

「眠りが深いから覚めないんだ」と言うのですが、催眠中――もうその頃は催眠術しかないので――「寝ているとき、おしっこをするときわかる?」と言ったら、「わかります」と言うんですよ。それで、「それじゃあね、おしっこのときの練習をしよう」ということで、「今ぐっすり寝ていていい気分でいるけれども、だんだんおしっこしたくなったなあ」と暗示する。そうすると、もぞもぞしているんですよ。それで、「どうしても我慢できないときは、パッと目が覚めるよ」と言う。これは、どうやっていいかもわからない時分のことで、もうでたらめですよね。それで、効き目があるかどうかもわからなかったのですが、三回ばかりそのおまじないをやって帰したら、次の日に、お母さんがすごく興奮して「先生、昨夜《ゆうべ》は自分で起きてトイレに行きました」と言うんですよ。

それで、もう一回呼んで、その日も同じようなことをやって帰した。それから夏休みになって一か月半ぐらい来なかったんです。あとで「どうだった?」と聞いたら、「一回だけ、親戚へ行って花火を見て帰ってきて、スイカをいっぱい食って寝たら、ちょろっと漏れました」と言うんですよ。それ以外は、ずっとちゃんと起きてトイレに行くことができていたのね。そのときに、お母さんが言うのには、「この子は、もうこの頃は夜中に起きないで、朝まで熟睡できるようになりました」と。

そのとき、「ああ、夜中にオシッコしたくなったら起きることだけ手伝えば、あとは自分で一番具合のいいのをこの子は選ぶんだな」ということに初めて気がつきました。

神田橋　なるほどねぇ。そうですねぇ。

成瀬　最後まで何かしてやらなくてはいけないというのは、いらんお世話だと思うんですね。「動作」の場合も、ある程度まで行って自分でコントロールできるようになれば、そこから後はもう自分でやれる。やれるようになるまでは、ある程度面倒をみなければいけないけどね。そういうものではないかなと、今思っています。

余計なことをしない

神田橋　はい、ボクもそう思います。具合が悪くなりますよね。苦しいし苦痛ですから、自分で何とかしようとやっているうちはいいけれども……。

成瀬　自分でやると、だんだん悪くなる。

神田橋　そうですよ。つまり、楽なほうへ楽なほうへとやるとね。

成瀬　そうそう、そうそう。

神田橋　一番楽な方法は……感じなくなれば一番楽ですよね。

成瀬　うん。楽だけれども、一番困るわけです。

神田橋　そうですよ。それで、だんだん病気が悪くなっていく。感じなくなって、もう「それは感じない」と言って、それで、楽になって。だから、楽じゃ駄目なんですよね。

成瀬　楽じゃ駄目ですね。一番それを感じたのは、脳性マヒの子です。

神田橋　そうそう、脳性マヒの子の話に行きましょう。

成瀬　もともと装置は全然損なわれていないわけですよ。装置はあるけれども、それを動かす動かし方がわからないから、それを手伝うわけです。

その頃は訓練なんていうものはありませんでしたから、一人で、何とかこう頑張ってやろうとする。そうすると、だんだん、だんだん、カチンカチンになっちゃうわけですよ。かえって動かなくなるんです。それを全部緩めて、動かし方を練習すると、すごく楽に動くようになる。そうして、ある程度動けるようになると、調子がわかるのでしょうね、びっくりするほど全体が変わってくることがあります。

どこまで面倒をみるか、援助するかというところが大事なのではないかと思うんです。「余計なことをしてくれるな」ということもあるのではないか、と。

弟子に伝える

神田橋　あるんですよね。ボクが質問したかったのは、先生に、三五年か四〇年ぐらい前に、ボクは姿勢を見てもらったことがあるんです。

成瀬　本当?

神田橋　うん。そのときに、先生がどういうことをしてくれたかと言うと、「立ってなさい」と言って、「ほら、ここ、緊張しとる。ここだ、ここだ」と。

成瀬　それは、あなたがそういうようにやっているんじゃない?

神田橋　いや、先生がやったんですよ。「ここだよ。緩めてごらん」と言ってね。それで、スーッと緩んで、五分ぐらいでもうずいぶん良くなったんですよね、ボクがね。

成瀬　本当?　ちょっと考えられんけど（笑）。

神田橋　そうなんだ（笑）。それで、今、お弟子さんたちに聞くと、やっぱり成瀬先生は、そういうふうに、「ここが緊張しとるがね」とか言って、つぎに、お弟子さんたちをこう引っぱったり……。

成瀬　（笑）。

神田橋　そうすると、先生の、ちょいちょい、ちょいちょいとやるその名人芸は、全然弟子に伝達されてないのではないか、と。それは、今日、ぜひ言いたいと思って来ました。

成瀬　いや、僕は、誰でもできるようにしたわけですよ。

神田橋　そう？

成瀬　あなたのように天才的な閃きのある人は、もうそれでいいんでしょうけれども、僕は、誰にでもできるようにしたいから、やっているときは、必ずやり方をみんなの前で見せているわけです。

神田橋　はい、そうですね。

成瀬　だから、「どこに手を当てるか、足はどこに当てているか、ちゃんと見ていらっしゃいよ」と言うんですけれども……見ていないんですよ。

会場　（笑）。

神田橋　（笑）それは、どうしますか、先生。せっかく先生が築き上げたファインな技術とファインなものの見え方を、弟子には素質のある人もおるからさ、一人でも、二人でも伝えて……。

成瀬　いや、覚えるやつは、ほとんどみんな覚えたと思います。

神田橋　たくさんいる？

成瀬　そうだよな。

目の前でやって見せる

田嶌　いやいや、どうでしょう。お二人に共通しているのは、やっぱりやって見せるということをしてこられたということだと思うんです。神田橋先生もそうだし、成瀬先生も目の前でやって見せる。これは、心理臨床の先生方では非常に珍しいことなのではないかと思います。それが、お二人とも並外れているということと関係しているのかなと思いながら聞いていたんですけど。

成瀬　いや、僕は「みんなできるはずだ」と思っているわけです。

神田橋　そんな（笑）。

大場　神田橋先生、最近、成瀬先生が「動作法」を、特に医療現場で使ったり、教育現場で使ったりするときの実技指導をしてくださるのですが、「なるべく触るな」とおっしゃられて。

神田橋　そうでしょう。うん。

大場　はい。究極は触らないでやれるようになること。

神田橋　うんうん。

大場　一緒の気持ちになってやれるようになることだとおっしゃっていて。

神田橋　うん、それはそうだ。

大場　この間も、臨床動作法の研修会のときは、もう触るな、触るな、で。触るにしても、先生がおっしゃったように、ちょいちょい、ちょいちょいです。

神田橋　四〇年ぐらい前にも、そうしてもらったのよ。それからずっと、すごいなと思っているんですね。

成瀬　それは、（体を）みるだけで十分にわかるわけじゃない。だから少し動かせるわけですよね。

神田橋　ああ、そうですよね。

成瀬　そうすると、ここの動かし方がどうもおかしいねというところがあるわけですね。

神田橋　うん。

成瀬　僕は、誰でもできると思っていますから。

大場　今は、先生から伝授されて、四〇代の引きこもりの方に、まったく触らずに、横に並んでやっています。

神田橋　ああ、そう。安心しました。先生の技術は、伝わってはいっているんだ。ね。

大場　はい。

神田橋　わぁ、良かったなあ、先生。

弟子と競う

成瀬　いやいや、そんな。うまくいっているのはいいのですが……。

子どもの訓練を泊まりこみで一週間やるのです*が、組み合わせを発表しますと、お母さんが、「当たり」「外れ」ってやっているんですよ。

神田橋　ええっ、何ですか？　それは、よくわからん。

成瀬　上手な人と、あんまりうまくない人とは、お母さん方がわかっちゃっているわけですよ。子どものほうは、もっとよくわかるわけです。子どもはね、ほら、やらされる人ですから。子どもは非常にはっきり言うんですね、「先生、下手だもの」と（笑）。そういう屈辱の中で、みんな練習するから、やっぱり一所懸命やっていると思うんですよ。

神田橋　そうですよね。

田嶌　ただ、成瀬先生。神田橋先生がおっしゃりたいのは、まあ、ある程度の水準までは

＊　ここで言われている「一週間キャンプ」は、脳性マヒなどの障害を持つ方を対象とした動作法の集団宿泊訓練のこと。

行っているだろうけれども、やっぱりその水準を超えてもっと先に、もうちょっとどうかならんかい、ということなのではないかと思うんですけど。

成瀬　いや、それは誰でもできるさ。

神田橋　いや、「誰でもできる」って、先生よりうまくなる人がいないと、もったいないじゃないですか。

成瀬　いや、うまい人もいるんです。

神田橋　そうですか？

成瀬　僕が思いもよらないような工夫をしてやっている人がいるから、これはいかんというので、やっぱり悔しいから、僕も一所懸命やりますよ。

神田橋　「いかん」（笑）、はぁ、そうですか。「出藍《しゅつらん》の誉《ほま》れ」と思って喜ぶかと思ったら、まだお若いですね（笑）。弟子と競争される。

成瀬　うん、それは競争と思っているんですよ。やっぱりうまい人もいますもの。

神田橋　ああ、そうですか。

成瀬　はい。

神田橋　まあ、うまくなったらわかりますわね。入門してきたときに、何か、先がわかりますか？　こいつは、と。

成瀬　やっぱり筋がいい人というのはいますね。

神田橋　筋がね。

成瀬　それは、直感的にわかるんじゃない？（笑）。

神田橋　ああ、やっぱり直感的なんだ（笑）。いや、そうすると、筋がいい特徴とか、先生が挙げてくれると、筋の悪い人が先生のところに弟子入りするという悲劇がなくなる。

成瀬　いや、悲劇にはならんですよ。

神田橋　ならんの？　みんなできている？

成瀬　周りに「外れ」といつも言われている人とかも、「先生、それ、違うよ」とか、「先生は下手だもん」とか言われながら、みんな腕を磨くんですよ。だから。

神田橋　それは、いいねぇ。

ある程度まではできるようになる

田嶌　ねぇ、神田橋先生。神田橋先生もみんなから名人芸だと言われていますし、みなさん魅了されていますが、先生が弟子を育てるとき、その辺についてはいかがですか？　同じようなことでしょうか？

神田橋　僕は何も定まった方法がないからねぇ（笑）。

田嶌　それはやりにくいなあ。

成瀬　そうでしょう。

田嶌　学ぶほうは大変ですよね？

神田橋　こうして見てね、この人はこういうことができるようになる人ではないかとか……。

田嶌　ああ、そういうことですね。

神田橋　それから、本人が何か工夫した治療を持ってきますから、それを「もうちょっとこうやったら、すごいんじゃないか」とか言ってね。

成瀬　おそらく、見ているところがあるんでしょうね。

神田橋　あるんです、はい。

成瀬　この人はようみるなあということがあると思います。

神田橋　ええ、そうですね。ものすごくフィールしているところというのがね。本人はそれに気がつきませんからね。

成瀬　そうです、そうです。

神田橋「あなた、そのとき、感じて、ついやってしまったことを思い出してごらん」と言って。みんな同じようにはならないようにしているんですよね。

成瀬　同じようにはならんけれども、全員やらされましたから。なかには一五年ぐらいやっていた人もいるわけですよ。その一週間の泊まりこみ訓練を、年に二回か三回やる。そうすると、やっぱりある程度はできるようになる。全然駄目という人はいませんよ。

神田橋　そうでしょうね。

成瀬　だからまぁ、たいていの人は、ある程度できるなというぐらいには行っていると思いますね。

わかれば、できる

神田橋　話はちょっと変わるみたいですけど。

成瀬　どうぞ。

神田橋　森田療法の優れた治療者というのは、ほとんど森田先生の患者さんだったのです。治療を受けた体験がある人です。そうすると、治療体験のある脳性マヒの人のなかで、優れた才能を発揮して治療者になる人っていないの？

成瀬　脳性マヒで？

神田橋　そう、脳性マヒの人で。

成瀬　上手な人はいますよ。自分でやられていますからね。だけど、全部は任せられないことはあるんですよ。

例えば、寝たきりの子を立たせて歩かせたいわけですね。お座りぐらいはできる。それで、膝立ちぐらい行きましょう、というときですね。膝立ちって、やっぱり腰がぴしゃっと入らないといけないわけです。立位は、ぐっと踏ん張れることが先ですが、膝立ちのときにそれができないで、どうしても反射的にぴっとこう腰が引けてしまうんです。

そのぴっと引いたときに、脳性マヒの子は右と左の違いがありますから、くにゃんと右後ろか左後ろに行っちゃうことがあるんです。そのときに、それを予想して支えていなくてはいけないわけですね。でも、やっぱり手足の不自由な人たちですから、ぎゅっと力を入れて適切に押さえられないんですよ。だから、股関節を骨折しちゃった子がいましてね。上手なんですけれども、やっぱり脳性マヒの人ですからうまく支えられないので、「あなたはもうトレーナーを辞めなさい」ということで辞めさせるか、子どもにただ寝転がってもらって、緩めるところだけやるとかにせざるを得なかった。

神田橋　なるほどねぇ。

成瀬　そんなふうにしたことはあります。やっぱり言葉だけではないですから。言葉だけでやればいいんですけれども、それは相当訓練しないと駄目ですから。

神田橋　うん、それはそうですね。

成瀬　ただ押さえるのではなくて、ぐっと腰が引けないように支持する力って、すごいものなんですよ。バーンと反射的に来ますから、それが瞬間的に腰が引けてしまわないように支えられる力がないと子どもの骨が折れちゃう危険があるんです。

神田橋　ああー、なるほどねぇ。

大場　私たちが、実技の講習会なんかをするときに、クライエント役とトレーナー役とになってやるわけです。そのときに、成瀬先生が講師で回ってこられます。私なんかが、一所懸命「この方の肩を何とか……」と思って、胡座《あぐら》座位をしてやっていると、成瀬先生が、「おまえのそんな腰じゃあ、その人、やれねぇぜ」と言われて、「ちょっと来なさい」と呼んで、私をやってくださる。トレーナーを見て、トレーナーのそのようなやり方じゃあ……。

神田橋　「あり方」でしょう？　「あり方じゃあ、そのやり方はできないよ」と言った。

大場　あり方……、あ、はい。「あんた、そんな硬い腰で、無理な姿勢でやっていちゃあ、ちゃんとこの人を良くできないよ」と。そして、「こっちへ来なさい」と言われて、座らされたり寝かされたりして、「はい、ここ」ちょいちょい、と。

神田橋　やっぱりそうだよね。

大場　はい。「それじゃあ、ちゃんとクライエントさんにできないよ」ということで成瀬先生から引っぱり出されて、直接、先生がやってくださる中で体験していくことというのはあります。

神田橋　それはちょっと言葉で表現できないような、「得た感じ」ですね。「体得の感じ」。

成瀬　そうなんです。

神田橋　ね。

大場　そうです、はい。

成瀬　その感じ、腰を入れる感じがわかれば、できるようになっちゃう。

神田橋　わかればできますよね。そうなんだよね。でも、みんなが「動作法」をやるわけではないから、一般のカウンセリングのときに、そういうことを、どういうふうに参考にしてやればいいのか……、やれるかな。それが難しいんだね。

変化のときには「あるがまま」が生じる

成瀬　カウンセリングと言われましたけれども、僕は、「動作」をこうやる。そうすると、言葉の対話と違わないなという気がするんです。

神田橋　そうですね。ええ。

成瀬　だから、「動作」で上手になれば、クライエントも、言葉を使わなくてもだいたいできるように変化すると思うんです。

例えば、（動作法で肩を上げていくときに）肩がある程度楽になったところで上げていきます。ずーっと上げていくと、ちょっと（肩が）前へ出るときがあります。これは、この人がもう、このコースは上げにくくなったわけですね。

神田橋　なるほどね。ええ。

成瀬　それで、前に出ちゃうんです。そのまんま上げると痛いわけです。だんだん痛みが出てきました。そのときに、「あっ、もう痛いからやめた」というタイプの人と、もうめちゃくちゃ頑張って、あとで筋肉痛になっちゃったなんていう人もいるわけです。

痛みが出たときに、騒がず、慌てず、そこで止めて待っています。そのままじーっと待っていますと、痛みの感じがだんだん変わってきます。そして、すーっと消えちゃいます。消えちゃいましたから、「いっぺんこう戻して、さっきのところへ上げてごらん」と言うと、もうそのときは痛みがないんです。

神田橋　そうですね。

成瀬　そのときの痛みに対面する仕方、これは、頑張らず、しかも、逃げず、じっと感じているということが大事なわけです。僕は、これは森田療法の「あるがまま」*と同じだと思うんですよ。

神田橋　そうですね。ええ。

成瀬　その感じが持てる人と持てない人とがいるんですね。

神田橋　それは、何が起こるのでしょうね。その痛みをじーっと味わっている段階で、何が生じるのでしょう？　その時間の中で何かが生じているわけですよ。

成瀬　時間と言うより、まあ痛みが出たところで、ですね。

神田橋　ああ、出たところで。

成瀬　出たときに、そこに注意をどう向けるか。あんまり一所懸命（注意を）向けちゃ駄目なんです。でも、向けないんじゃあ駄目なんです。そのときに、そのままじっとしていられるかどうか。その痛い感じそのものを、いろいろ「痛いな」とか思っていちゃ駄目なんですね。そのときの思い方。

神田橋　ああ、思い方、わかりますけどね。

成瀬　それは非常に具体的。森田さんの「あるがまま」というのは、言葉としてあるわけですね。

神田橋　はい。

成瀬　何か絶対臥褥《がじょく》から軽い作業をしていくと、いつの間にか悟りを開く、というような

＊
森田《もりた》正馬《まさたけ》が社交不安障害やパニック障害などの神経症性障害の治療のために考案した森田療法では、自身の中にある不安や恐怖を無理に取り除こうとするのではなく、「あるがまま」の状態として受容・容認することで、「とらわれ」からの打破を目指す。

話でしょう?

神田橋 そうですね。

成瀬 ところがこれは、その瞬間に、その気持ちが変わるところが見える。それで、クライエントはその感じがわかるようになると、それですごく落ち着きます。

神田橋 何が生じるのでしょう? 何かが生じるんですよね?

成瀬 その「あるがまま」が生じるんですよ(笑)。

神田橋 「あるがまま」が生じる(笑)。

体におまかせ――感じて緩める

大場 肩上げをやっている最中に痛みが生じてきますと、そのときに、最初に痛みが出てきたところで、クライエントの腕を支えて持っています。ぐいぐいと無理に上げませんし、元にも戻しません。痛みが出てきて、支えて、「ここのところ、痛みが出ていますよねぇ。どんな感じですか。痛いですね。何とかなりませんかねぇ。痛いですね。何とかなりませんかねぇ」と言っていると、「あっ、先生、痛みが取れました」と言うんです。それで、「じゃあ、もうちょっと上へ上げてみますか」と言うと、これが動くようになっているんですね。

神田橋 なっているわけですね。

成瀬 彼女のは、そういうやり方ですね。僕は何も言わないの。じっと待っています。

田嶌 うん、そこはもう神田橋先生はわかっておられて、そこで何が起こっているのだろうかということなんですよね。

神田橋　生じていることは何だろう、と。何かまあ大雑把な言葉で言えば、治癒機制が起こっているわけです。何だろう、それは？

成瀬　そのときに、痛みを「感じている」ということは、痛みを「緩めている」んです。感じることが緩めることなんです。だから、結局、緩め方を自分で見つけているんですね。

神田橋　その緩め方というのは、おそらく意識を通して教えることができないものですね。

成瀬　ちょっと教えられない。

神田橋　体が勝手にやるので。

成瀬　だけれども、言うに言われぬ、そのときのじーっとしている感じですね。これは、もう体に訴えて、体を感じているのではないでしょうか。

しかも、「緩める」というのは、全然目的がないわけではないんです。でも、緩めようと思っちゃ駄目なんです。緩めようと思うと、力が入っちゃいますから。

神田橋　はい、そうですね。

成瀬　そこでもう一つ頑張ろうとか思っちゃ駄目なんです。そのときは、本当に体に働きかけるのではないでしょうか。

神田橋　ちょっといい台詞を思いついた。「体におまかせ」。

成瀬　「おまかせ」というのは、「動作法」のときにはいっぱいあるんです。「体をこうしましょう」というときは、だいたい（本人は）したくないわけですよ。それを、「こんなふうにしましょう」と言われて「うん、そうか、やりましょう」と言うときに、もう相手におまかせしているわけでしょう？

神田橋　そうですね。

成瀬　例えば、腰の痛い人というのは、膝立ちで腰の使い方を練習するわけです。そのときに、どうしてもみんな腰をぴゅっと後ろに引きたいんです。こう腰を前に入れると痛いから。痛いけれども、もうひとつぎゅっと腰を入れて真っすぐになったときには、すっと楽になるんです。

神田橋　ほぉー。

成瀬　そのときに、体にまかせているんです。まかせないと駄目なんです。まかせない人は、お尻を引くか、ぎゅっと前へ突き出すかするわけですよね。それは重力に合わせていっている。そのときに、もうしょうがないから我《が》を捨てて、腰を入れてみる。体にまかせるほかはないわけですよ。そういう「おまかせ」というのがあるわけですね。

重力に馴染む

神田橋　ちょっと空想で一つ言葉を入れてみますね。「重力に馴染む」という台詞を言ったら、呪文として使えますか？

成瀬　いや、その通りです。

神田橋　「重力に馴染む。馴染む。重力に馴染む」と言う。

成瀬　重力に合わせられるようになったんです。

神田橋　「なろう」とか、「なるよ」とか。

成瀬　今までは、心理的な問題というのは、「重力」なんていうのは考えたことがなかったんですよ。ところが、これはもう腰だけではない。とても腰の痛い人って、見ると、こっちを向いているときに、腰がぎゅっとこう反っているんです。

神田橋　そうですね。そういう人が多いです。

成瀬　その腰の反りを、本当はこうぴゅっと反対に入れるぐらいにしながら、真ん中へ持っていきます。持っていって、それで「そこから力を抜きましょう」とやるんです。

神田橋　おおー。

成瀬　そのときに、また普段の癖のように、腰がくにゃんと後ろに行っちゃあ駄目なんです。無理してぴょこんとずれちゃ駄目。「そのまんまの姿勢で、体中の力を抜きましょう」と。そのときに抜けると、すごく楽になるんですよ。

体重があるからだと思いますが、（腰が）この骨盤の上にドンと座るんです。そうすると、今までは、肩を動かせばぐにゃぐにゃしていたのが、ちゃんと、このまんまで動くようになるんですよ。

神田橋　うん、なるほど。

成瀬　腰が真っすぐで、この軸がぴしっと出来たんです。そうすると、面白いことに、「じゃあ、もうみんなできたから、ほかのことをやりましょう」と言っても、このまんまで全然動かない人がいるんですよ。「どうしたの？」と聞くと、「あんまり気持ちがいいから、このままでいたいです」と言う。

神田橋　ああー。

成瀬　そのとき、すごく楽になるんですよね。

神田橋　そうですよね。

成瀬　僕は「仏様の姿勢」と言っているのですが、そういう体験は、これはもう、ちょっとしてみないとわからないです。

神田橋　わからないでしょうね。

成瀬　重力にぴったり合っていると、余計な力がいらないわけです。腰が反っているのは、それだけ重力に対して無理していますから、いっつも力を入れているわけですね。ところが、真っすぐなときは、全然余計な力がいらないんです。しかも、軸がぴしーっと立っているんです。

「あれ以来、非常に調子が良くなりました」と言う人が多いのですが、どうも人間にとっては、何かそういう体験をいくつかするのがいいように思います。それは、私の言う「あるがまま」ですね。

神田橋　僕の理屈づけで言うと、「感覚系と運動系のフィードバックの自動性が甦ってきた」というようなことですね。

成瀬　そんなことは（笑）、みんなにちょっと説明してもらわないとわからん。

神田橋　ああ、そうですか（笑）。

「自分がやっている」という感じ

神田橋　それより、先生にちょっと聞きたい。こうしてできる範囲で体を真っすぐにするでしょう？　それで、「ここで体を緩めましょう」と言うのと、「体が緩みますよ」と言うのと、言葉がちょっと違うけれども、差がありますか？

成瀬　うん、僕は必ず「緩めましょう」と。

神田橋　「緩めましょう」なんですね。

成瀬　うん、だから、自然にそうなったという言い方はしません。

神田橋　ああ、そうですね。そこがボクとちょっと違うなぁ。ボクは「緩みますよ」と言う。

成瀬　「なりますよ」というのは、催眠術では昔からしょっちゅうやっていたんです。

神田橋　そうなんですよ。ボクはそこで催眠術。

成瀬　暗示でもいいのですが、やっぱり「自分がやった」という感じがいつもあることが大事ではないかと僕は思っているわけです。

神田橋　ボクのほうが、だんだん催眠のほうへ行って、成瀬先生のほうが催眠ではないほうへと。

成瀬　そうそう、そうなんです。あなたのほうは催眠術へ、僕のほうは主体的な活動なんです。

神田橋　そうなんですね。

成瀬　結果としては同じなんですが、催眠には「自分がやった」という感じがないわけですね。

神田橋　うん、そうですね。

成瀬　暗示の場合にも、やっぱり自分でやっているわけですよ。意識には上《のぼ》らないけれども、自分でやっている。

神田橋　そうなんです。

成瀬　どっちがいいかというのはわかりませんけれども、今のところは、そう「緩めましょう」というのをやっています。

神田橋　やっているんですね。ボクは、あと、フォローがあるんですよ。もうボクがいつも口癖のように言っているのは、「あなたの体を信じなさい」と。

成瀬　うん、それは、僕もそう思います。

神田橋　「あなたの体を信じなさい。だから、緩んできますよ。ほら、緩んできたでしょう？　あなたの体は大したものです」と（笑）。

成瀬　（笑）それを催眠術と言う。

神田橋　催眠術だな（笑）。

まずは自分で努力する

成瀬　昔、催眠に熱心だった頃には、真っ先にこの肩凝りをやりました。腰痛は、その頃はやりませんでした。それから、自律訓練に熱心だった頃は、肩を温かくする、これだけで肩凝りが治る人もありました。暗示で「肩が楽になりますよ」と言うと、楽になる人もいるんです。けれども、肩凝りというのは、例えばこう自分で力を入れているわけですね。

神田橋　うん、そうですよね。

成瀬　その、入れている力を抜かないと駄目なわけです。「楽になりますよ」と言うのは、この緩め方をちゃんとやっているわけではないのでね。

神田橋　はい。

成瀬　だから、自分一人でやるときには、どうもうまくいかない。

神田橋　そうですよね。

成瀬　九大で心療内科が始まったときに、池見さんが、「心療内科なんだから、心療内科らしいオリジナルな方法が欲しいね」と言うので、「じゃあ、自律訓練をやりなさいよ」となって、自律訓練を私が指導したわけです。

自律訓練なんですから、自分で努力して温かい感じを出さないと駄目でしょう？　ところが、そこがお医者さんなんですね。テープで暗示をやっちゃったんですよ。

神田橋　ああ、そうしていましたよね。今もそんなテープを売っていますね。

成瀬　うん。テープも売れているらしいんですが、あれは催眠そのものです。

神田橋　ああ、そうですね。

成瀬　でしょう？

神田橋　ええ。

成瀬　だから、自分で温かみが出るような努力はないわけです。だから、テープを聴いていればできるわけです。テープがなければできないわけです。そこがだいぶ違う。

意識化していたものが無意識化する

田嶌　成瀬先生、今の「緩みますよ」というのと、「緩めましょう」というのとの違いみたいなことですけれども、先生は、「ある程度、最初は自分が緩めるという感じをつかんで、その次は、それを自動化させるのが大事なんだ」ということをおっしゃっていますよね。

成瀬　そうです。

田嶌　その話とちょっと繋がっているのではないかと思うんです。

成瀬　それは、ずーっとあとです。というのは……。

神田橋　あれっ、向こうで何か言っている。だんだん乗ってきたよ。

大場　すみません、ちょっと今のところで。

神田橋先生は「治りますよ」とおっしゃる。成瀬先生は、「腕を下ろしていきましょう」とおっしゃる。私も「下ろしていきましょう」とずっと言っていました。ついこの間の五月に、成瀬先生に九州大学で催眠の研修会をしていただいて、私も二〇年ぶりぐらいに生の成瀬先生の催眠を見せていただきました。「はい、手がくっついていきますよ」ですよね？「くっつけなさい」ではなくて、「はい、両方の手が両方からくっついていきます」と言って、そうやってくっつきます。

私は今、本態性振戦*という手が震える方（の動作法）をやっていまして、腕上げをやっているんです。腕をこう上げまして、上がるときも、肩に力が入ってこうやって上げられるんです。それで、「下ろしましょう」と言うと、こんなふうに震えながら下ろされるんですね。

成瀬先生の催眠を見て、ちょっとヒントになって、「腕には重さがありますから、力さえ抜けば、この腕は下りますよ」と言うようにしたんです。「腕には、重さがありますから、自然と下に下りていきまーす」と言うと、震えないで下りちゃったんです。

神田橋　うん。そういういろいろな言葉の使い分けというのは、おそらく患者さんそれぞれで違うと思うんですよね。

大場　はい、そう思いました。

神田橋　その言葉遣いの違いを、どんなふうにして選ぶかという指標だ。

大場　そう思いました。

成瀬　今の田嶌君の緩めると緩むという話は、結局、その動かない部分があるわけでしょう？　それで、動かない部分をどうやって動かすかと言うと、手伝って動かしたって駄目なんですよ。他動的に動かすのではね。自分で動かせるようにするのには、結局、意

＊　これという原因がなく、ふるえの症状だけが生ずる病気。

識を使わなくては駄目なんです。

自分で意識をして、思うように動かせるようになってくると、「言葉」の場合には、一過性と言うかその場限りですが、「動作」というのは、慣れてくるとだんだん馴染んできて、もう意識しないでもできるようになっちゃうんです。

神田橋　そうです。

成瀬　うん、そこが違うんですね。それを今意識化から無意識化した、と。これは日常化したわけです。それで、日常化したというのは、意識でやっているのではなくて、僕は「前意識」と言ったほうがいいのではないかと思うんですが、とにかく無意識的に動かしている。そうすると、無意識の法則性で動いているわけです。意識で動いているときは、意識のプリンシプル（principle）で動いているわけです。

それで、ある時期に意識化していたものが、無意識化して日常化するわけです。「動作」というのには、そういうものが非常に多い。

神田橋　そうだと思います。ほとんどそうなんですね。

成瀬　例えば、名人・達人というのは、やっぱり非常に練習をして意識化しながら、結局、無意識化しているわけです。そうすると、意識のレベルではもうやらない。無意識のレベルで活動している。そのときに、変なことを思っちゃ駄目なんですよね。

そういうふうに、「動作」というのを前意識化するとか無意識化するというところに、言葉とは違う部分があると思うんです。

「なんだかセンス」をどう伝えるか

成瀬　ちょっと余談ですが、四十肩の人を生まれて初めてみたときのことです。その人は、旦那が整形の医者なんです。旦那のことは信用していないから、お友だちの整形のお医者さんのところへ行って、痛い注射を打ってもらうんですね。そうすると、三日ぐらいは持つそうです。四日目か五日目になると効かないから、また行って注射をしてもらっているという奥さんです。

その人の腕を持って、こう「上げますよ」と言って上げていくと、もうこの辺で「痛い、痛い」と言うんです。それで、「全部緩めましょう」と言うと、この緩めるのが難しいんですよね。それで、ずーっと上げていって、「全部力を抜いていらっしゃいよ」と言って、持っている手をちょっと離すと、余分な力を抜くことができないで、こうやって上げているんですよ。そこで、「余計な力を抜いて、全部下ろさなくては駄目」と、この辺で全部下ろして、力を抜いて、それで再び真上まで上げます。すると今度は、全部脱力しているんです。

どういうわけか、真上まで行かないと駄目なんですが、ここでこう押さえているでしょ。それで、「これから手を離しますから、このままでいらっしゃい」と言う。すると、今まで油断していたのが「手を離すよ」と言われて、ふっと気がつくわけです。気がついて、動かさないようにこうやっています。そうすると、力を入れながら、もうこのままでいられるようになるんです。

その奥さんは、もう手伝わないで「腕を下ろしてごらん」と言ったら、すーっと自分で下ろせる。「痛かった？」と聞いたら、「痛くない」と言うんです。それで、「上げてごらん」と言うと、今度はすーっと腕が上がるんですよ。そういうふうにしてその人は、一発で腕が動くようになっちゃったんです。

神田橋　ほおー。

成瀬　そのときの「上げる」というのが一つですけれども、いっぱいまで行って、それで、余計な力を抜いて、自分できゅっとこう上げる。この力を自分が入れたときの感じというのがあるわけでしょう？

神田橋　うん。

成瀬　この感じがはっきり体験できた人は、どうもこれが動くらしいんです。

神田橋　先生、聞きたいけれども、この持ち上げて、真っすぐしてというやり方は……。

成瀬　全部他動でやる。

神田橋　他動でこうしてやるという、その方式は、先生の引き出しの中にすでにあった術式ではないでしょう？

成瀬　ない。なんにもなかった。

神田橋　ねぇ。ないでしょう？

成瀬　でも、破れかぶれで。

神田橋　（笑）破れかぶれのコツを、ちょっと教えてよ。

成瀬　何かの勉強会で、おばさんたちが一〇人ぐらいこんなに取り囲んでいるわけですよ。僕が何かやって見せないといけない。しょうがないから、破れかぶれでやってみたら、動くようになっちゃったというわけです。

神田橋　（笑）それは、ある種、何かが閃いているわけだよな。

成瀬　全然閃いていない（笑）。

神田橋　弱ったなあ。

成瀬　あなたはすぐ閃くけど。

なんだか、真っすぐ上げないと駄目だというのはあった。脳性マヒの子どもも、この辺（肩と水平ぐらい）まで上げることはあるわけです。でも、それは、やっぱり覚えないんですね。上まで上げるのは難しい。どうも、その脳性マヒの子も、腕を上げるのはわりあいに上がるんです。上まで上げるのは、それまでやったことがない。だから、なんだか上げにゃあいかんなという気はしていたのですが、思いつきです。

神田橋　「なんだか」というのがあるんだな。先生、それがいいんですよ。僕は「なんだか」と先生が言ってくれたからうれしいのは、そういう「なんだかセンス」をどんなふうにしてお弟子さんに伝達するかということだ、と。

成瀬　そういう四十肩の人の動作法をやらせてみるほかはないのではないか、と思います。

神田橋　そうですね。それをさせて、また何か一つ新しいものを。まあやってみて、まぐれ当たりで行きます、と。まぐれ当たりだと思っているけれども、実際はそうではない「何か」なんですよね。

成瀬　いや、それは、もう面白いことに、一回できると、四十肩の人がいっぱい出てくるんですね。

神田橋　出てきますよね。

成瀬　そうそう。

神田橋　あれはどうしてなんだろう？

薬を使うことの懸念

成瀬　ちょっと聞きたいのですが、うつの場合に抗うつ薬を使われるでしょう？

神田橋　はい。

成瀬　しかも、精神科のお医者さんは、これはもう当然だと、抗うつ薬を使っていらっしゃるわけですよ。

神田橋　はい。

成瀬　だから、みんなそれが当たり前だと思っているんですけれども、僕は「なんで薬を使わないでやらないの？」と思っているわけです。

神田橋　うん、うつには薬が効く症状と、そうではない症状とがあると思うんだけれども、今は……。

成瀬　薬が効く人は、心理的な、薬を使わないやり方でやっても効くんじゃないかと僕は思っているわけですよ。

神田橋　だいたいは、薬が効く人には心理的には無理な人がいるけれども、ボクは、ともかく抗うつ薬を使うときは、「これはその場しのぎの松葉杖で、一応それで日が送れるようになったところでうつの治療を始めましょう」と話すんです。薬を飲むのは治療とは言いませんから。

成瀬　僕が慶應にいた頃に、逆行性健忘症、*全健忘のクライエントがいて、どうしても先生がアミタールソーダで（意識水準を）下げて、しゃべらせると言う。

神田橋　ええ、あんなのをやっていましたよねぇ。

成瀬　僕は「催眠でやればいいのに」と思っていたんですよ。ところが、全部、過去も思い出したんです。新聞にも出ました。そうしたら奥さんも来て、いろいろ看病している

＊　発症する前の、過去の出来事についての記憶を思い出すことができない障害。

わけです。ところが彼は、「こんなに自分にいろいろ世話を焼いてくれるのは妻に違いない」と思いながら、奥さんという実感がないんですよ。それで、どうやりましょうか、と。どうしてもこの記憶と実感がくっつかないわけです。僕は心理的手法がいいと思っていましたけれども、その助教授の先生は、どうしてもやりたいと、電気ショックをパンッとやったら、実感が蘇ったんです。

神田橋　うーん。

成瀬　それは、薬を使うこととの問題ではないかなと僕は思うんですよ。うつの場合も、もうちょっと心理的なことを、と思うんですが。僕は、薬を使うので遷延《せんえん》性うつが増えるのではないかなと思っています。

神田橋　それは、そうです。

成瀬　そうですか？

神田橋　はい、絶対そうです。それこそ四十肩の人にずっと痛み止めを使うから、遷延五十肩、六十肩まで行くのと同じでしょう。

成瀬　それはありますね。

神田橋　それと同じです。

成瀬　だから、もうちょっと心理のことをやってみたいという気があるんです。

神田橋　しましょうよ、先生。

成瀬　そうですか。じゃあ、そのとき、またよろしくお願いします。

神田橋　ああ、よろしくお願いします（笑）。本当ですよ。

成瀬　ねぇ。

神田橋　うつが増えていて、それで最近は、子どものうつも早めに早めに薬を使ってとか言って、成長期の脳に化学物質を処方してねぇ。

成瀬　良くないよねぇ。

神田橋　汚染させて何か変なことが起こらないのかなと思う。

成瀬　それが、何か当たり前だという発想がみなさんにおありのようで。

神田橋　そうですね。「当たり前」はたいてい間違いですものね。

成瀬　そうですか（笑）。

神田橋　うん。ボクは、当たり前は間違いだと思っています。もうほとんど。

成瀬　今、何人か「動作」でやっています。

大場　うつの方に「動作法」で弟子たちで今やっています。

神田橋　良くなると、「それは本当のうつじゃなかったのではないか」とか言われますから、診断は、ちゃんと誰か精神科医にしてもらってしてくださいね。そうせんと、せっかくやっているのにね。

昔は、良くなれば、「これは本物の病気ではなかったんだろう」とか言うてね。そのときにボクは「世の中にあんまり本物の病気はないんだろう」とか言い返すことにしていた。

成瀬　本物ではないのと本物とは、どういうふうに区別しているのですか？

神田橋　もうみんな生きる姿の現れとして、千差万別に出てくるのだろう、と。

成瀬　そうでしょうね。

神田橋　だから、「まあ本物の病気とかいうのはないだろう」とか言ってみたりしてね。ともかく議論に対しては引っ掻き回すのが一番だと思っているので。

大場　質問どうしましょう？

田嶌　いや、フロアからの質問の時間はもうとらなくてもいいんじゃない？

神田橋　もういいか。今日は、いいディスカッションで、いい刺激がみなさんに行ったかられ。

成瀬　そうあるといいですね。

神田橋　だから、いい質問は、明後日《あさって》ぐらいにならないと出ませんよ。

成瀬　（笑）。

会場　拍手（笑）。

神田橋　今出てくる質問は、瑣末なもので、大したことはない。

成瀬　そういうことにしておきましょう。

神田橋　そうしましょう。何でも合理化するという、こういうのは言葉の世界の持つ独特の対応ですよね。

成瀬　そうそう。

神田橋　ここでこう言っておくと、何となく落ち着くじゃないですか。

成瀬　うん、そうですね。

神田橋　ね。

成瀬　みんな落ち着いたんだと思います。

神田橋　そうなんだと思いますが、それでいいですよ。

田嶌　まあこういうふうにご本人でまとめていただけると、非常にこちらは、司会としては楽でありまして。時間もあんまりなくなってきましたが、みなさん、いかがでしたでしょうか。本当は、フロアからちょっと質問をいただいてもと思っていたのですが、私たちが司会の役割を忘れてしまいそうになるくらいお二人の話に引き込まれているうちに、もう時間が来ちゃって、終わりに近づいてまいりました。

私は、とても得難い機会をいただいたと思いました。対談の中でも出てきましたけれども、やっぱり、成瀬先生も、神田橋先生も、我が道を行かれたということ。自分の実感を大事にして、我が道をずーっと歩んでこられた。お二人のやっていらっしゃる中身は違っていても、それが大変共通したところで、私たちが学んでいくべきは、そういう姿勢なのではないかというふうに感じました。

お二人とも、年を経るごとに元気になっていかれる。見てください。もう成瀬先生なんか本当にお元気で、神田橋先生もどんどん元気になられるし、まあすごいなあと思いながら聴かせていただきました。

得難い機会をご提供いただきましたお二人の先生に、もう一度盛大な拍手をお願いいたします。先生がた、ありがとうございました。

成瀬　どうも合わせていただきまして、ありがとうございました。

神田橋　いえいえ。

田嶌　みなさん、生の成瀬先生、生の神田橋先生を見たことがあるとか、お話を聞いたことがあるというだけで、その後それを自慢にできるようなことになります。今日は本当によくこそお出でいただきました。どうもありがとうございました。

では、ご退席です。

会場　（拍手）。

素描……………………山頂に集う

冒頭で司会の大場信恵先生が述べておられる催眠医学心理学会から、神田橋先生は上機嫌で戻って来られた。「いやぁ楽しかった」と満足そうな表情を拝見して、わたしは「成瀬先生と神田橋先生の対談を実現したい」と思い、それから事あるごとに「成瀬先生との対談」と、呪文のように神田橋先生に囁き続けていた。

さて、成瀬先生にどうやってお願いしようかと考えていた矢先に、この対談の企画が持ち上がった。わたしなりに対談のプランもあったので、残念ではあったが、これもまたご縁である。

本書の一一一ページで、村山先生が「この論文はどこの教室の論文？」と言われたことがあると語っておられる。噂では、「どこの教室？」と訊いたのは成瀬先生であるらしい。成瀬先生、村山先生が在職された頃の論文審査はかなり熾烈なものだったらしいが、当時の九州大学教育学研究科は優秀な臨床家や研究者を輩出している。対談の司会者であり、わたしの大学院での指導教官でもある田嶌誠一先生もそのお一人である。

成瀬先生の真理を求める姿には鬼気迫るものがあった。成瀬研究室の出身で、すでに某大学の教授になっておられた方が、「学会で迂闊に成瀬先生に質問すると、口頭試問のようになるからなぁ」とボヤいておられるのを聞いたことがある。

それを知りながら、わたしは大学院生の頃、学会での成瀬先生の一言にフロアから反論したことがある。若気の至りと言い訳するには年を食い過ぎた、無知かつ無恥なおばさんの揚げ足取りなど聞き流していただいてよかったのだが、成瀬先生は真剣に向き合ってくださった。

まるで口頭試問のようなやり取りが延々と続き、それでも引き下がらない私に辟易されたのだろう。成瀬先生はしばらく考えて、「そうか。あなたが正しい」と言ってくださった。

わたしは七泊八日の動作法訓練の「やすらぎ荘キャンプ」にも二回、参加したことがある。本書の一六六ページで成瀬先生が「一週間」と言っておられるのは、このやすらぎ荘キャンプのことだと思うが、そこでも成瀬先生はしばしば若い院生をつかまえて、「あなたはどう思う？」と訊いておられた。若い院生も、すでに大御所となった弟子も、序列に関係なく議論される姿に、学問への、人を援助する仕事への、成瀬先生の真摯なありようが表れていた。

一方、村山先生は「やりたいようにやればいいんだよ」と、学生のわがままを最大限に受け入れておられた。わたしは四〇歳を過ぎて、ようやく心理臨床の勉強ができる状況になり、しばらく村山研究室に聴講生として置いていただいた。

心理臨床という広漠な世界に迷い込んで、一体何がやりたいのか、ただ立ちすくむだけのわたしは、村山先生の右記の言葉に続く「カッカッカッ」という独特の笑い声と、村山研究室の若く優しい仲間にどれだけ支えられたことかと思う。村山先生のとてつもなく大きな覚悟に、しっかりと包まれている感覚があった。

そして、この成瀬先生と神田橋先生の対談から遡ること一年か二年かだったと記憶するが、「九州大学こころとそだちの相談室」通称『こだち』の企画で、成瀬先生と村山先生との対談が行われた。

成瀬先生も村山先生も、その具現は異なっていても、ともに厳しい矜持をもって学問に対峙してこられたことは、関わった誰もがよく知っていた。だからだろう。両先生のエスコート役を引き受けた先生方は、それぞれにとても緊張しておられた。ピリピリしていたと言ってもよい。

だがお二人による対談は非常に和やかに進んだ。わたしの記憶では、成瀬先生は「フォーカシングは動作法と同じ」という趣旨の発言もされた。ただし「なぜそれを、からだの動きにまでもっていかないのか」という注文もつけておられたように記憶する。

楽し気に学問を話し合うさまが、わたしには山頂で出会った二人の巨人の姿に見えた。それぞれに違うルートを歩んできたが、山頂に達してみれば、「なんだ、君もここに来てたのか」と肩を叩き合い、お互いに来た道を振り返り、笑い合っているように見えたのだ。

そして本書のこの成瀬先生と神田橋先生による対談が行われたのだが、実は、村山先生もわたしもライブで拝聴していない。当日、学会の裏プログラムに、スクールカウンセリング・ワーキングチームのシンポジウムが組まれており、村山先生はワーキングチームの代表であり、わたしはシンポジストの一人だった。

対談の冒頭で、神田橋先生がスクールカウンセリングのシンポジウムに触れておられる。神田橋先生も村山先生の不在を残念に思っておられたのだろう。わたしも、もしフロアに村山先生がいらっしゃったら、成瀬先生、神田橋先生のディスカッションはどのような影響を受け、どのように展開したのだろうかと思う。どこへ行こうか、心理療法。その行先がもっと多彩に提示されたかもしれない。そう思うと、裏プログラムに恨み言のひとつも言いたくなってしまうのである。

（かしまえりこ）

［関係者紹介］　＊対談順

神田橋 條治（かんだばし じょうじ）

一九三七年、鹿児島県生まれ。精神科医。一九六一年に九州大学医学部を卒業後、一九八四年まで同大学医学部精神神経科、精神分析療法専攻。一九七一年から一年間、モーズレイ病院ならびにタビストックに留学。現在、伊敷病院。

著書に『精神科診断面接のコツ』『精神療法面接のコツ』『改訂 精神科養生のコツ』『発想の航跡』『発想の航跡2』『「現場からの治療論」という物語』（いずれも岩崎学術出版社）、『治療のこころ1～8、10～13』『対話精神療法の初心者への手引き』（いずれも花クリニック神田橋研究会）、『神田橋條治 精神科講義』『神田橋條治 医学部講義』『治療のための精神分析ノート』『神田橋條治が教える 心身養生のための経絡・ツボ療法』（いずれも創元社）ほか多数。

＊

増井 武士（ますい たけし）

一九四五年、和歌山県生まれ。臨床心理士。九州大学教育学部大学院博士課程修了。産業医科大学医学部准教授（教育学博士）、同大学病院精神・神経科および産業医実務研修センターを併任。日本心理臨床学会常任理事、同学会倫理委員長などを経て同学会編集委員、同学会理事などを歴任。九州産業大学国際文化学部教授を経て、現在、東亜大学大学院客員教授。

著書に『治療的面接への探求（Vol. 1～4）』（人文書院）、『迷う心の「整理学」』（講談社現代新書）、『不登校児から見た世界』（有斐閣）、『来談者のための治療的面接とは』（遠見書房）、共著書に『治療的面接の工夫と手順』（創元社）ほか多数。

＊

村山 正治（むらやま しょうじ）

一九三四年、東京生まれ。臨床心理士。一九六三年京都大学大学院教育学研究科博士課程修了。現在、東亜大学大学院臨床心理学専攻教授。九州大学名誉教授。元、学校臨床心理士ワーキンググループ代表。

著書『ロジャースをめぐって――臨床を生きる発想と方法』（金剛出版）、編著書『新しい事例検討法PCAGIP入門』『「自分らしさ」を認めるPCAグループ入門』『現場で役立つスクールカウンセリングの実際』（いずれも創元社）、共監修『臨床心理士のスクールカウンセリング』、監修『マンガで学ぶフォーカシング入門』（いずれも誠信書房）ほか多数。

＊

成瀬 悟策（なるせ ごさく）

一九二四年、岐阜県生まれ。医学博士、臨床心理士第一号。九州大学名誉教授。日本リハビリテイション心理学会名誉理事長。日本臨床動作学会名誉会長。一九五〇年に東京文理科大学心理学科を卒業後、東京教育大学助手・講師、九州大学教育学部助教授をへて同教授。九州女子大学・九州女子短期大学学長、吉備国際大学教授、吉備国際大学大学院教授等を務める。また、日本催眠医学心理学会理事長・日本心理臨床学会理事長・日本リハビリテイション心理学会理事長などを歴任。二〇一九年八月三日、九五歳で逝去。

著書に『催眠面接の技術』『催眠面接法』『動作訓練の理論』『動作療法』『動作のこころ』（いずれも誠信書房）、『臨床動作学基礎』（学苑社）、『姿勢のふしぎ』（講談社）ほか多数。

藤原 勝紀（ふじわら かつのり）……序

一般社団法人 日本心理臨床学会理事長。公益財団法人日本臨床心理士資格認定協会専務理事。京都大学名誉教授。京都市教育相談総合センター常任顧問。臨床心理士。

＊

かしま えりこ……素描・村山対談司会

かしまえりこ心理室代表。一般社団法人日本臨床心理士会理事。放送大学分担協力講師。福岡女学院大学大学院非常勤講師。

＊

田嶌 誠一（たじま せいいち）……成瀬対談司会

九州大学名誉教授。臨床心理士。

＊

大場 信恵（おおば のぶえ）……成瀬対談司会

九州大学名誉教授。臨床心理士。

どこへ行《い》こうか、心理療法《しんりりょうほう》

——神田橋條治《かんだばしじょうじ》対談集《たいだんしゅう》

二〇二二年三月一〇日　第一版第一刷発行

〈著　者〉神田橋條治・成瀬悟策・村山正治・増井武士
かしまえりこ・藤原勝紀

〈発行者〉矢部敬一
〈発行所〉株式会社　創元社
本　社　〒五四一-〇〇四七　大阪市中央区淡路町四-三-六
電　話　〇六-六二三一-九〇一〇(代)
ＦＡＸ　〇六-六二三三-三一一一(代)
東京支店　〒一〇一-〇〇五一　東京都千代田区神田神保町一-二　田辺ビル
電　話　〇三-六八一一-〇六六二(代)
https://www.sogensha.co.jp/
〈印刷所〉株式会社　太洋社
装丁・本文デザイン　長井究衡

ISBN978-4-422-11780-5　C3011
〈検印廃止〉
落丁・乱丁のときはお取り替えいたします。

創元社の神田橋條治の本

神田橋條治 精神科講義

神田橋條治著／林道彦、かしまえりこ編

A5判／並製／368頁　定価2,750円（税込）

1986年から2011年まで、26年間にわたって行なわれた精神科病院での講演録。現場の臨床の真っ只中で常によりよい治療に向けての工夫を重ねてきた著者の、新しい技法発想の萌芽と展開が一望でき、多数の著書の解説としても読める。

神田橋條治 医学部講義

神田橋條治著／黒木俊秀、かしまえりこ編

A5判／並製／312頁　定価2,750円（税込）

『精神科講義』に続く姉妹編。医師や研究者を目指す医学部学生に向けて行われた大学での講義録。自身の体験をもとに精神医療現場での治療や診断の問題点について語る内容は、マニュアル偏重主義の現代医療全体への痛烈な批判ともなっている。

治療のための精神分析ノート

神田橋條治著

四六判／上製／192頁　定価2,750円（税込）

コトバを治療の道具とする精神分析の臨床の場で、文字言語を絶対的なものとせず、治療者と患者との間の時々刻々の関係性の変化に目をこらすことで、治療の場に立ち上がってくるいのちの営みを掬い上げる。半世紀以上にわたる臨床の集大成ともいえる著者、畢生の書。

神田橋條治が教える 心身養生のための経絡・ツボ療法

神田橋條治著

四六判／上製／160頁　定価2,420円（税込）

現代の精神科医療のあり方に危機感を抱きつつ、患者さんと医療の未来のために、切なる希望をこめて著した一書。文中、著者の実際の施術の様子を、QRコードで視聴できるようにし、巻末には、十二経絡に関する概説を付録として添えた。

スクールカウンセリング モデル100例　読み取る。支える。現場の工夫。

かしまえりこ、神田橋條治著

A5判／並製／472頁　定価3,520円（税込）

さまざまな形で起こってくる学校現場の緊急の問題に、SCかしまが専門性を駆使して対処した100の事例を取り上げ、事例の概要と対処・解説・経過を述べ、精神科医・神田橋が卓越したコメントを付した。症例の数でも、内容の質と専門性の高さでも、他に追随を許さない圧倒的な充実度を誇る。

神田橋條治 スクールカウンセラーへの助言100

神田橋條治著／かしまえりこ編著

A5判／並製／272頁 定価2,860円（税込）

創元社セミナー「かしまえりこのスクールカウンセリング・ケースカンファレンス」の宿泊研修で、神田橋條治が受講者の質問に答えるかたちで語った助言の数々を、セミナー講師・かしまえりこが「カウンセリングの技法」「治療論」「問題とされる行動」「発達の課題」「医療と薬」などテーマごとに分類し、それぞれの言葉によって連想される現場からの考察を解説として追加し、まとめたもの。